Amelie Riedell
NATÜRLICHE GEBURT

Amelie Riedell

NATÜRLICHE GEBURT
Die Befreiung der Göttin

BoD-Books on Demand

Bibliografische Information der Deutschen National-bibliothek: Die Deutsche Nationalbibliothek verzeichnet diese Publikation in der Deutschen Nationalbibliografie; detaillierte bibliografische Daten sind im Internet über <u>dnb.dnb.de</u> abrufbar.

Copyright © 2020 Amelie Riedell
Herstellung und Verlag: BoD – Books on Demand, Norderstedt.
Coverbild: Norbert Hollbek

ISBN 9-783748-139416

„Schwangerschaft und Geburt ist ein Schöpfungsprozess der Existenz, und in diesem Schöpfungsprozess spiegelt sich das ganze Leben wider.

So wie Frauen Kinder gebären, gebären wir alle immer wieder neue Aspekte unseres Selbst.

Geburt ist ein Prozess, der ganz bestimmte Phasen hat, die nach den Prinzipien des Lebens ablaufen.

Innerhalb der Bandbreite von allen Schwangerschafts- und Geburtserfahrungen erfahren wir die großen Themen des Lebens."

(Jaguar Yolande Alice Carrell)

INHALTSVERZEICHNIS

Deine Kinder sind nicht Deine Kinder

Sie sind die Sehnsucht des Lebens nach sich selbst.

Sie kommen durch Dich, aber nicht von Dir, und obwohl sie bei Dir sind, gehören sie Dir nicht.

Du kannst ihnen Deine Liebe geben, aber nicht Deine Gedanken, denn sie haben ihre eigenen Gedanken.

Du kannst ihrem Körper ein Heim geben, aber nicht ihrer Seele, denn ihre Seele wohnt im Haus von morgen, das Du nicht besuchen kannst, nicht einmal in Deinen Träumen.

Du kannst versuchen ihnen gleich zu sein, aber suche nicht, sie Dir gleich zu machen.

Denn das Leben geht nicht rückwärts und verweilt nicht beim Gestern.

Du bist der Bogen, von dem Deine Kinder als Pfeile ausgeschickt werden.

Lass Deine Bogenrundung in der Hand des Schützen Freude bedeuten!

Khalil Gibran

VORWORT

Dieses Buch richtet sich an alle Mütter, Väter, Großmütter, Schwangere, Mitschwangere, Hebammen, Gynäkologen, Psychologen, Pädagogen, Friedensstifter, Zukunftsvisionäre, Heiler, Querdenker, Gesellschaftswandler, Networker, sowie an alle, die sich von dem Thema angesprochen fühlen.

Vieles, was früher „normal" war, wird heute in Frage gestellt, und die Gesellschaft wandelt sich. Eine Geburt im Krankenhaus wird immer noch als Norm angesehen, über Geburtserfahrungen zu sprechen, ist immer noch tabu und Geburtstraumata werden gedeckelt und verdrängt. Kinder und Mütter werden mit ihren Erfahrungen, Ängsten, Gefühlen und Blockaden nach der Geburt allein gelassen und ignoriert, da es diese negativen Erlebnisse offiziell nicht gibt.

Ich möchte Klarheit schaffen und zum Umdenken anregen!

Dieses Buch ist bewusst kein Ratgeber, dazu fehlt mir das notwendige Fachwissen und die Erfahrungen einer Hebamme. Hierzu möchte ich begleitend das Buch „Hebammensprechstunde" von Ingeborg Stadelmann empfehlen, mit vielen Tipps und Erklärungen zur Vorbereitung auf die Geburt mit Ölen, Düften, Homöopathika und vieles mehr für eine angenehme Schwangerschaft und eine entspannte Geburt und ein sanftes Wochenbett.

Die Bücher sowie die Internetpräsenz der achtfachen Mutter Sarah Schmid sind auch sehr empfehlenswert. Sie tritt für Alleingeburten ein.

Das vorliegende Buch beschäftigt sich eher mit dem Entwicklungsprozess der werdenden Mutter bis hin zur kollektiven Geburt in eine neue Ebene des Seins. Ich berichte über meine eigenen authentischen Erfahrungen und der wieder erwachenden weiblichen Schöpfungsmacht... in mir, in uns Frauen, in den Männern, in der Gesellschaft, in der Natur, in unserem Planeten und schließlich in unserem gesamten Fühlen und Denken...

Meine eigenen erlebten Geburten fanden noch in den 90er Jahren statt, dann war ich lange Zeit mit anderen Themen beschäftigt. Inzwischen ist viel geschehen, andere Mütter hatten schon Bücher über Geburten geschrieben, neue Erkenntnisse kamen in die Welt und das Bewusstsein über die neu erwachte weibliche Kraft verschaffte sich Raum. Braucht die Welt wirklich mein Buch? Nach vielen Steinen, die ich mir immer wieder selbst in den Weg legte und beiseite schob, kam ich zu der Einsicht, dass es nicht genug Bücher über natürliche Geburten, Selbstbestimmung, die Würde des Menschen und die Heilung des Weiblichen geben kann!
Humor und Leichtigkeit werden auch zu finden sein.

Bitte habt Verständnis, wenn ich nicht die Namen meiner Kinder nenne. Ich habe diese durch Assoziationen ersetzt, die mir beim ersten Anblick des Neugeborenen durch den Kopf flogen.

Viel Spaß beim Lesen!

EINLEITUNG

Ich wurde im Februar 1967 in Bremen geboren, neun Tage vor dem errechneten Geburtstermin. Ich bin das erste Kind meiner Mutter, ein Wunschkind. Natürlich wurde ich im Krankenhaus geboren, ohne Beisein des Vaters, mit frühzeitigem Blasensprung, Geburt in Rückenlage, Lachgas und Schichtwechsel am Morgen während der Presswehen. Weil ich nicht vorschriftsmäßig meinen ersten Schrei tat, wurde ich über Kopf gehalten und bekam einen Klaps auf den Po. Dann wurde ich medizinisch versorgt und von meiner Mutter getrennt, also im Babyzimmer untergebracht, damit meine Mama ihre Ruhe hat. Nichts dramatisches, sondern eine ganz normale Geburt in den 60ern.

So kam ich in diese Welt, es hätte auch viel schlimmer beginnen können.

Doch von Anfang an wehrte ich mich gegen unser System, in dem das Geld wichtiger ist als der Mensch, in dem Leistung, Konkurrenz, Hierarchie, Druck, Autorität und reines Funktionieren in einer technisierten Welt scheinbar mehr zählen als ein empathisches, friedliches Miteinander, Kreativität und Liebe. Doch nun war ich da!

Ich war als Kind noch anpassungsfähig, mochte meine Eltern und Lehrer nicht enttäuschen und wurde eine leistungsbereite, interessierte Schülerin. Ich war ständig erkältet und jeder Grippevirus fühlte sich bei mir wohl. Die Kinderkrankheiten haben dann mein Immunsystem gestärkt. Nach den ersten Impfungen verzichtete meine aufgeklärte Mutter auf weitere schulmedizinische Angriffe auf mein hochsensibles Körpersystem.

Mit 15 Jahren schlitterte ich dann ohne Vorwarnung in eine Anorexia nervosa, Magersucht mit Bulimie. Ich fand mich zu dick, zu hässlich, zu dumm und zu schüchtern für diese Welt und kein Junge interessierte sich für mich. Da ich nicht aussprechen konnte, was mich tief im Inneren bewegte, steckte ich mir immer wieder den Finger in den Hals. Ich wollte lieber eine Elfe sein oder ein Engelswesen, frei, leicht, in Licht und Liebe. Meine Eltern und Freundinnen hielten mich für eine Phantastin und Utopistin.

Im Krankenhaus brach ich zusammen, ich hatte mich aufgegeben - und wurde zurückgeschickt ins Leben. Danach fiel mir alles plötzlich ganz leicht: Schule, Jobben, Flirten, Partys, provozieren und rebellieren. Der kalte Krieg spitzte sich zu, ich wurde Punk, schwänzte die Schule und beendete eine destruktive Beziehung... Dann erlitt ich eine Fehlgeburt kurz nach dem Tschernobyldrama. Ich dachte über alles gründlich nach. Seit Beginn der Pubertät hatte ich Bücher über Indianer-Schamanismus, Buddhismus, Yoga und friedliche archaische Lebensformen gelesen, meine Lieblingsfilme gehörten den Genres Fantasy und Science Fiction an. Ich wusste also, ich bin verrückt und ein Phantast, glaubte an Illusionen und war weltfremd. In einer sehr dramatischen Weltuntergangsstimmung entschied ich mich für die Liebe. Seitdem gehe ich relativ entspannt und reflektierend durchs Leben, um alle Facetten und Ebenen der Liebe und Nicht-Liebe kennenzulernen.

Somit hatte ich mich entschieden, lauter verrückte, unrealistische und experimentelle Dinge zu tun. Ich brach die Schule kurz vor dem Abitur ab, ich lebte Sex & Drugs & Rock'n roll, schrieb halbherzig Bewerbungen und philosophierte mit jedem, der sich darauf einließ über Gott und die Welt. Am liebsten über Gott, denn irgendein Sinn musste ja hinter allem sein. Schließlich lernte ich meinen Mann kennen – er war genauso verrückt und anders wie ich. Wir hatten keine Zukunftspläne, wollten eigentlich reisen, doch dazu fehlte es an Geld und Mut. Also zogen wir aufs Land in ein sehr, sehr altes, kleines Bauernhaus; Heuerlingshaus nennt man dies in Norddeutschland. Wir jobbten, renovierten etwas und vor allem liebten wir uns. Mir wurde vom Gynäkologen gesagt, ich sei nicht in der Lage, schwanger zu werden, daher könne ich die Pille, die ich ohnehin nie vertragen hatte, absetzen. Mein Mann war angeblich nicht zeugungsfähig, da er drei Jahre zuvor fast erfroren war.

In den folgenden 11 Jahren gebar ich zuhause, teilweise ohne Hebamme und mit vollem Bewusstsein, sechs gesunde, schöne, lebhafte, intelligente, kreative Kinder. Aus „No future" war für mich „love & peace" geworden, aus „Sex & Drugs & Rock'n roll" war schon vor der ersten Schwangerschaft mein ganz persönliches „Yoga" geworden.

Aus geplanten Weltreisen wurde der Familienurlaub auf kleine Festivals, Rügen, Frankreich und immerhin Portugal.

Mit vielen Büchern und anspruchsvollen Filmen, aber auch durch einige Praxis bildete ich mich während meiner Familienzeit weiter. Mein Interessensgebiet war groß und umfasste Schamanismus, Zen-Buddhismus, Tantra, Hinduismus, Christentum, Judentum, Ägyptologie, Astrologie, Numerologie, Kabbala, Mythologie allgemein, alternative Medizin, transzendente Heilung, Anastasia, Neurologie, Biochemie, Verschwörungstheorien, Lichtarbeit, Lichtwesen, Außerirdische, Ufologie, u.v.m., eben alles, worüber ich im vorgekauten Bereich der Medien nichts finden konnte. Mich interessierte die Macht der Liebe und wie einfach das Leben sein könnte, wenn Glück und Liebe, Frieden und Vertrauen nicht ständig gestört werden. So brauchte ich für jede neue Erfahrung eine für mich befriedigende Erklärung, die immer außerhalb dieser kleinen künstlichen Welt zu finden war.

Ich ließ meine Kinder nicht impfen, besuchte keine vorgeschriebenen Untersuchungen und informierte mich über Homeschooling. Als Alternative blieb dann eine Freie Schule. Ich versuchte den Kindern alles zu ihrer Entfaltung notwendige zu ermöglichen, was zeitlich, finanziell und kräftemäßig überhaupt möglich war. Mein Mann war inzwischen Opfer einer Gewalttat geworden und nur noch beschränkt arbeitsfähig. Daher lebten wir von Harz4, improvisierten, zogen oft um, lebten mit vielen Haustieren und wurden vom Mainstream als asozial, ungepflegt, rückständig und ungebildet angesehen. Das erzeugte Stress und ließ mich oft an meiner Lebensphilosophie zweifeln.

Ich habe aus alledem gelernt, unsere Gesellschaft ist kränker als je zuvor!

Mutter Erde beginnt sich zu reinigen und ein neues Kleid zuzulegen. Wenn wir warten, dass jemand anderes etwas unternimmt, dass die Politiker sich jemals ändern, dass wir gar von Außerirdischen „gerettet" werden oder wenn wir hoffen, wir können bis zu unserem physischen Tod einfach weiter funktionieren und danach ja mal über das Leben in dieser Welt nachdenken – dann wird nichts von dem, was wir erhoffen und wonach wir uns sehnen, geschehen! Aufwachen muss jeder Mensch selbst!

Wenn jeder Mensch für sich verändert, was er/sie ändern kann, seine Flügel entfaltet und das lebt, was da im Innersten aufflammt und nicht heute, sondern jetzt damit beginnt, ist mehr getan als alles reden, diskutieren, sich-über-Probleme-aufregen oder Krankheitssymptome bilden.

Vor allem habe ich gelernt, dass das Leben mit der Zeugung beginnt, nicht erst im Erwachsenenalter. Ich habe gelernt, dass die Menschheit planmäßig in die Irre geführt und manipuliert wird, damit dieses Machtsystem, welches seit dem frühen Ägypten/späten Atlantis auf diesem Planeten etabliert wurde, funktionieren kann.

Ich selbst habe unbewusst ein Leben abseits der Norm gewählt, bei jedem Anpassungsversuch wurde ich krank, inzwischen schreite ich auf meinem individuellen Weg bewusst und in Würde weiter und sehe mich als Wegbereiterin.

Jeder Einzelne kann aus diesem sterbenden System aussteigen, innerlich und im Bewusstsein, alles weitere folgt dann. Das beste Geschenk, welches wir der nächstes Generation übergeben können, ist das Fundament, welches durch die natürliche Geburt gegeben ist, ein Fundament, welches den neugeborenen Menschen sicher durch das Leben trägt.

Mein Beitrag zum Frieden und zur Heilung in dieser Welt ist dieses Buch!

Licht und Liebe!

6 HAUSGEBURTEN;
6 VERSCHIEDENE ERFAHRUNGEN
„Alle sagten, das geht nicht, doch dann kam eine, die wusste das nicht und hat's getan."

Kleopatra:

Es war Mitternacht, Vollmond, der Übergang zum 21.12.1988.

Ich war draußen vor der Tür und schaute in den Wald vor mir. Es lag noch Schnee, doch der würde in den nächsten Tagen tauen.

Ich rief ungeduldig meinen Hund, denn ich wollte ins Bett. Mein Mann war mit seiner Fernsehunterhaltung fertig. Ich war nach meiner Spätschicht sehr vorsichtig nach Hause gefahren, hatte heftige Unterleibschmerzen. Seit einem guten Jahr war meine Regel ausgeblieben, vielleicht war es ja nun wieder soweit.

Der Gynäkologe hatte mir damals erklärt, ich hätte Myome. Bei einem späteren Ultraschall im Sommer schloss er eine Schwangerschaft aus, ich könne keine Kinder bekommen und sei wohl Schein schwanger. Als ich etwas enttäuscht nachfragte, warum ich unfähig sei, Kinder zu gebären oder schwanger zu werden, erklärte er mir, meine Gebärmutter sei so stark nach hinten geknickt, dass sich dort keine Eizelle einnisten könne. Ich fand diese Antwort unlogisch und wenn ich diese Erklärung anderen Ärzten, Heilpraktikern oder Hebammen erzähle, sorgt das jedes Mal für heiteres Gelächter! Mein Verstand gab sich mit der Diagnose „Scheinschwangerschaft" zufrieden; mein Körper, meine Zellintelligenz und meine Seele gaben mir immer wieder andere Hinweise. So habe ich gleich nach der Zeugung mit allen Drogen und „schlechten" Angewohnheiten aufgehört, einschliesslich

Tierprodukte, Zucker, Fernsehen und Disco. Mein Mann zog mit, gemeinsam ist so eine Reinigungskur leichter durchzustehen. Auch unser Freundeskreis dünnte sich dadurch sehr aus. Hätte ich gewusst, dass ich schwanger war, wäre es leichter gewesen, doch unbewusst wussten wir beide ja längst, dass mein Bauch nicht deshalb dicker wurde, weil ich mehr Hunger hatte. Ich jobbte, da wir Geld zum Renovieren brauchten und wartete eher pflichtbewusst weiter auf einen Ausbildungsplatz. Meine Nerven waren angespannt, mein Herz raste manchmal und der Bauch fühlte sich immer voller und schwerer an. Ich hatte ständig Hunger und war immer müde. Andererseits hatte ich Spaß daran, unser altes Fachwerkhaus, welches wir gemietet hatten, zu renovieren, schleppte Steine und Dachziegel, kletterte auf dem Dach herum und fuhr viel Fahrrad. Im November nahm ich einen Zeitjob an, in dem ich ausschließlich in der Spätschicht arbeiten durfte. Für mich als Morgenmuffel genau das Richtige! Dort wurde ich immer wieder gefragt, ob ich schwanger sei. Die meisten Frauen dort hatten schon mehrere Kinder und waren viel älter als ich. Ich erfuhr auch, dass es eine Scheinschwangerschaft mit dicken Bauch und offensichtlichen Kindesbewegungen nicht gibt. Oder ich hätte eine schlimme Krankheit, dann würde ich aber nicht so glücklich herum springen…

Die Senkwehen und Übungswehen waren inzwischen auch nicht mehr zu verdrängen. Aber ich hatte mich ja auch nicht informiert. Irgendetwas hielt mich immer davon ab.

Nach Weihnachten wollte ich noch einmal zu einem anderen Arzt, denn mittlerweile träumte ich jede Nacht von Geburt und Baby – ich war schätzungsweise im fünften Monat... dachte ich!

Schwanger-Sein hatte ich mir schlimm vorgestellt, mit einem riesigen Bauch und Unbeweglichkeit und ständig schlechter Laune. So hatte ich es bei anderen Frauen bemerkt, das war das Bild, was ich mir von schwangeren Frauen gemalt hatte.

Auf dem Bauch liegen konnte ich nicht mehr, weil da Wasser oder Luft drückten. Auch der Darm bewegte sich ständig und ich litt unter Verstopfung – kann schon mal vorkommen, wenn man auf Kaffee und Zigaretten verzichtet. So gibt es bekanntlich für jede Frage immer irgendeine Antwort, bis das Bild stimmt! Aber es stimmte nicht mehr! Irgendwie hatte ich nie Lust gehabt, mich mit Untersuchungen, Schwangerschaftsgymnastik, Sicherheitsvorkehrungen und anderen schwangeren Frauen zu beschäftigen.

Ich wurde nach ca. 90 min unruhigem Schlaf von heftigen Unterleibschmerzen geweckt. Ich drehte mich, wühlte im Bett herum und ging einige Male auf Toilette. Unsere einzige Toilette war immer noch das Plumpsklo draußen im Schnee. Mein Mann brachte mir eine Wärmflasche, doch die verschlimmerte nur alles. Um ca. 6 Uhr stand er gerädert auf, lenkte sich mit Frühstück vorbereiten und Hund hinauslassen ab und rief dann, von seiner Intuition geführt, meine Mutter an.

Mir drückte die Blase, ich ging noch einmal den weiten Weg zum Plumpsklo und hatte die Vision, da rutscht gleich ein Baby mit hinein. Trotzdem weigerte sich mein Verstand immer noch, an den Prozess einer Geburt zu glauben. Gegen viertel nach sieben erschien meine Mutter, sie hatte sofort die Situation erfasst, sagte aber nichts weiter, nur: „Es sieht hier ja aus wie im Stall von Bethlehem."

Ja, wir waren mit unseren Renovierungsarbeiten noch nicht weit gekommen. Ich schaute auf alte, lehmverputzte Wände, aus denen hier und da Stroh hervordrang, einen alten, abgetretenen Dielenboden, eine Stalltür sowie Hund und Katze. Helle Sterne strahlten durch das vorhanglose Fenster. An der Wand hing ein Bild von Jesus, welches uns vor neun

Monaten den starken inneren Impuls gegeben hatte, genau dort aufgehängt zu werden. Ich fragte mich gar nichts mehr, ich dachte nicht mehr, ich fühlte nichts mehr, ich atmete nicht mehr, ich verlor jegliche Kontrolle über den Körper. Dabei kniete ich, hielt mich irgendwo fest und konnte aus dieser Haltung nicht heraus. Meine Augen waren geschlossen. Ich sah Licht, innerlich, dann das Antlitz von Mutter Maria. War ich tot? Es war mir egal. Ich war nie gläubig und auch nicht christlich gewesen, da ich nicht getauft war, sondern schätzte mich selbst eher als Realist ein, doch meiner Wahrnehmung konnte ich immer vertrauen.

Diese Begegnung mit der göttlichen Mutter gab mir Kraft, meine leibliche Mutter gab Anweisungen (sie war lange Zeit Sportlehrerin gewesen)...dann war alles nass und ich gab dem Drang zum Pressen nach, obwohl ich mich nie für Geburtsvorbereitung interessiert hatte. Inzwischen ging mein Atem rhythmisch und ich gab Töne von mir, die ich selbst noch nie gehört hatte.

Die Schmerzen wurden unerträglich, um dann noch schlimmer zu werden. Ich konnte mich nicht wehren, ich konnte mich nur dem hingeben, was da gerade mit mir geschah. Ich wurde eine Zeitlang ohnmächtig, vielleicht nur einige Sekunden. Für mich war es wie sterben und neu geboren werden. Dieses „Neu-geboren-werden" gab mir übermenschliche Kraft. Und ich spürte eine starke Freude in mir aufsteigen. Der Phönix erhob sich aus der Asche und schlug mit den Flügeln. Ich hörte mich selbst aus weiter Ferne schreien - so laut und kraftvoll wie noch nie!

Einmal öffnete ich die Augen und sah schwarze Haare zwischen meinen Beinen – dies gab mir einen letzten Kraftschub, verbunden mit einem absoluten Glücksgefühl. In dem Moment war mir nicht klar, dass ich gerade ein Kind gebäre, ich konnte nichts denken. Es war jedoch alles so vertraut, als ob mein Körper darauf programmiert oder vorbereitet war, zu gebären. Meine weibliche Seele, die sicherlich schon tausende Geburten in vielen Inkarnationen erlebt hat, erinnerte sich. Für mein Ego-Bewusstsein wäre das alles zu viel gewesen, deshalb war es wohl auch „abgeschaltet".

Gegen halb neun war die kleine „Kleopatra" da! Doch wie sollte es nun weitergehen? Mein Gehirn begann wieder Gedanken zu formulieren…

Das erste, was ich von mir gab, war: „Ich kann doch jetzt nicht einfach Mutter sein." Ich wäre nun am liebsten mit meinem Baby erst einmal eingeschlafen, hatte nicht die geringste Befürchtung, irgendetwas könnte schieflaufen, doch dann kam leider das Notarzt-Team. Mein Mann hatte gedacht, man könne im Krankenhaus anrufen, um eine Hebamme zu bestellen und man müsse ja eine Hebamme bei der Geburt und danach dabei haben. Naja, ich konnte es ihm vergeben, er war erst 23 Jahre alt, überhaupt nicht auf Kinder eingestellt und völlig durcheinander. Er hätte auch weglaufen können, fühlte sich aber für mich und das Baby verantwortlich und wollte helfen.

Der Notarzt durchschnitt ohne zu zögern die Nabelschnur, maß meine Herztöne und die des Babys, hatte kalte Hände und eine kalte Stimme und erwähnte kurz : „Wir nehmen Sie jetzt mit".

Ich wollte aber nicht ins Krankenhaus, es gab ja keinen Grund dafür. Mit der ganzen Kraft meiner soeben erlebten Wiedergeburt wehrte ich mich. Der Arzt gab mir gegen mein Einverständnis eine Beruhigungsspritze, welche übrigens das Austreiben der Nachgeburt verhinderte und orderte die Polizei. Erst als zwei Beamte mit Handschellen im Schlafzimmer standen, gab ich nach. Mein Baby weinte natürlich die ganze Zeit und ich ahnte, es könnte noch schlimmer werden. Dieses Erlebnis vermehrte übrigens meine Gesellschaftskritik um ein Vielfaches. Doch das war noch nicht alles!

Im Krankenhaus wurde ich gleich in einen Rollstuhl gesetzt und in einen Kreißsaal gefahren. Ich bekam irgendeine Spritze, dann wurde von der diensthabenden Hebamme die Nachgeburt herausgedrückt, begleitet von heftigen Schmerzen. Meine Tochter wurde während dessen untersucht. Mir wurden Blutdruck und Puls gemessen sowie eine Blutuntersuchung durchgeführt. Und immer wieder die Vaginaluntersuchung! Auch beim dritten Mal wurde festgestellt, dass ich keine Verletzungen davongetragen hatte. Fast hatte ich schon damit gerechnet, dass noch Gehirnströme, Darmtätigkeit und Lungenvolumen gemessen werden. Gewundert hätte es mich nicht.

Wenig später lag ich mit meinem Baby in einem Zimmer, alleine – schade, ich hätte gerne mit einer erfahrenen Mutter mein Zimmer geteilt. Die Diagnosen lauteten: mein Kind sei mit 3030g Geburtsgewicht und 52cm Körperlänge untergewichtig und habe eine Gelbsucht. Ich habe starken Eisenmangel und einen zu niedrigen Blutdruck. Heute frage ich mich, wie die Sollwerte nach einer Geburt lauten. Eine Spritze, damit die Gebärmutter sich zusammenzieht, lehnte ich ab.

Nach ersten erfolglosen Stillversuchen nahm man mir mein Baby weg, ich bräuchte ja Ruhe und könne ja so besser schlafen. Wenig später brachte man sie mir wieder, mit der Erklärung, sie würde durch ihr lautes Schreien die anderen Neugeborenen wecken. Außerdem wehrte sie sich gegen Flasche und Schnuller. Ich war sehr besorgt, als mir gesagt wurde, ich könne nicht stillen und die Kleine würde sich schon an die Flasche gewöhnen müssen.

Ab dem Zeitpunkt sorgten mein Mann und ich dafür, dass Kleopatra bei mir bleiben durfte. Ich glaubte diesem Gynäkologen kein Wort mehr, hatte er vor vier Monaten doch zu mir gesagt, ich sei scheinschwanger!

Zum Glück verweigerte mein Kind die Flasche. Eine

Freundin kam zu Besuch und beruhigte mich mit der Aussage, jede Frau könne stillen. Am Abend des zweiten Tages floss dann auch die Muttermilch und mein Kind wurde satt.

Am Morgen des 23.12. fühlte ich mich fit und wollte das Krankenhaus verlassen. Man ließ mich nicht, weil die Werte noch nicht so waren, dass eine Entlassung seitens des Krankenhauses verantwortet werden konnte. Die U2 stand an. Außerdem müsse ich ja nun endlich diese und jene Spritze annehmen. Meine vegane Ernährung sei auch gesundheitsschädlich. Mein Mann hatte dann eine Idee: Ich müsste nur schriftlich erklären, dass ich keine Spritze brauche, damit meine Gebärmutter sich zusammenzieht und ich meine Verantwortung für meinen Körper zu 100% allein trage. Bei der U2 durfte ich anwesend sein und habe dem Kinderarzt schließlich mein Baby weggenommen, wieder mit einer Unterschrift, dass ich und mein Partner die Verantwortung über unser Kind selbst tragen. Daraufhin wurde ich als Psychopathin bezeichnet, musste also aufpassen, dass man mich nicht in eine psychiatrische Klinik einliefert. So ließ ich alles weitere geschehen, bis man uns am Heiligabend endlich gehen ließ. Mein Baby wurde ein Schrei- Kind, entwickelte sich aber sehr gut und durchlebte eine glückliche Kindheit mit häufigen Erkältungserkrankungen und fast allen Kinderkrankheiten.

Buddha:

Ich nenne unser zweites Kind mal Buddha, weil er lange Zeit gerne einfach dasaß und ruhig seine nähere Umgebung betrachtete. Auch sein zunächst spärlicher Haarwuchs, die tiefe Gelassenheit und der gut ausgeprägte Babyspeck ließen mich zeitweise Parallelen zum glücklichen Buddha ziehen.

Dieses Kind war gewünscht und geplant. Es sollte ein

Junge werden. Ich freute mich riesig. Die Schwangerschaft konnte ich ganz bewusst erleben. Meine Ernährungsgewohnheiten hatten sich inzwischen geändert. Ich aß wieder Milchprodukte, brauchte Unmengen an Schokolade und trank schwarzen und grünen Tee. Statt unter Übelkeit litt ich unter Schwindelanfällen und gelegentlicher Ohnmacht. Es besserte sich, als ich meinen Job kündigte. Dafür arbeitete ich dann viel im Garten. Ich hatte nie wieder so einen schönen Garten wie in dieser Schwangerschaft. Unser Sohn ist inzwischen Landschaftsgärtner. Lange vor dem Geburtstermin lag die Babywäsche gebügelt im Schrank und alle Accessoires, die man bei einer Hausgeburt braucht – mehrere Laken, Bettwäsche, Folie, Küchenpapier, Handtücher, Waschlappen usw. - lagen schon neben dem Bett. Die Babywiege wartete auf seinen neuen Bewohner.

Mein Mann baute sein Gesellenstück für die praktische Tischlerprüfung. Er hatte diese Ausbildung kurz nach Kleopatras Geburt begonnen. 10 Tage nach dem Entbindungstermin fand die Gesellen- Freisprechung statt, mein Babybauch existierte noch. Jeden Morgen hatte ich Wehen, alle paar Tage kam meine Hausgeburtshebamme zu Besuch. Warten war angesagt. Es regnete zwei Wochen lang im Juli 1991.

Nach der Freisprechung wurde mit Sekt angestoßen. Zur Feier des Tages trank ich noch ein zweites Gläschen. Danach konnte ich gut schlafen.

Um sieben Uhr des nächsten Tages, ein Sonntag, wurde ich plötzlich von heftigen Schmerzen aus dem Schlaf gerissen. Der Alkohol hatte gewirkt. Kurz aufeinanderfolgende Wehen, Rückenwehen, Hüftschmerzen – der Kleine hatte es wirklich eilig! Ich ging noch in die Badewanne, meine gut 2,5 Jahre alte Tochter wollte mit mir baden. Trotz der Wehen befand ich mich plötzlich in einem eher sachlichen Zustand, ganz anders als bei der ersten

Geburt. Mein Mann stand irgendwann auf und bereitete das Frühstück vor. Ich half unserer Tochter noch beim Abtrocknen und Anziehen, da sie Hunger hatte und dem Papa Gesellschaft leisten wollte. Ich wechselte irgendwann zum Bett, welches schon vorbereitet war. Ich rief meinem Mann zu: „mir geht's so gut, ich brauche keine Hebamme, die würde jetzt nur stören, sie kann ja später dazukommen!" Er akzeptierte meine Entscheidung. Inzwischen war es ca. halb zehn, die Sonne schien warm durchs Fenster, die weißen Gardinen bewegten sich leicht, ein Glaskristall vor dem Fenster warf bunte Muster auf die Wände. Meine Blase drückte, aber inzwischen hatten wir eine Toilette im Haus. Bei jedem Toilettengang kam mir der Weg weiter vor.

Ich musste durch die Küche zur Toilette gehen. Jedes Mal fragte mich mein Mann, wie es mir geht. Es ging mir gut. Irgendwann kam ich nicht mehr auf die Beine, sackte zusammen und blieb auf dem kurdischen Hochzeitsteppich vor dem Bett in der Hocke. Meine Tochter beobachtete mich, rief nach dem Papa, unser Hund schaute auch mal nach dem Rechten und mein Mann bot seine Hilfe an. Er war sehr nervös und ich wollte keine Berührung, da ich mich bereits auf die Endphase konzentrierte. Er störte eher. Ich rief innerlich den Namen des Jungen und spürte eine starke Sehnsucht, ihn endlich sehen und berühren zu dürfen. Sein Vater ging noch einmal in die Küche, um irgendetwas zu holen, da platzte die Fruchtblase. Unsere Tochter reagierte selbstständig, indem sie mir Unterlagen und Papier-Tücher, die auf dem Bett lagen, reichte. Nach zwei Presswehen war schon der Kopf halb draußen, sozusagen noch in der Tür. Ich hatte noch gar nicht damit gerechnet, es ging relativ leicht und ich fühlte mich irgendwie unemotional und distanziert. Mein Mann kam dazu und gleichzeitig rutschte der Kopf wieder in den Geburtskanal. Ob ich einen Schreck bekommen hatte oder unser Sohn der Meinung war, er habe genug von dieser Welt gesehen und möchte lieber wieder zurück, ich weiß es nicht. Sein Vater strich dann einige Male über meinen Rücken, dann plumpste der Kleine durch die Hände seines Papas auf den Fußboden. Es war nun zehn vor zehn und ein kräftiger Schrei drang durchs Haus. Hurra, ein Junge, die Familie war komplett!

Die Hebamme kam dann auch irgendwann, diesmal durfte die Nachgeburt ganz natürlich unter einem Baum vergraben werden, was ja leider beim ersten Kind nicht möglich gewesen war.

Die Nabelschnur habe ich nach mindestens 45 Minuten selber durchschnitten, nachdem das Blut und damit Informationen von meinem Körper zu seinem nicht mehr flossen. Dies ist sehr wichtig, damit das Kind sich als unabhängiges Wesen fühlt. Wird die Nabelschnur zu früh durchtrennt, bekommt das Baby einen Schock, der zu traumatischen Bindungsstörungen führen kann. Die Milchdrüsen arbeiteten dieses Mal schneller und nachmittags saß ich schon auf der Terrasse im Sonnenschein und stillte meinen Neugeborenen.

Morgaine

Dieses dritte Kind nenne ich so, weil ich eine starke Verbindung zu Avalon spüre. Die Geburt war alles andere als leicht, aber umso schöner ist es, wenn man einen schweren Prozess durchlebt und verarbeitet hat und neue Energien das Leben begleiten.

Nach der 2. Geburt träumte ich bereits von einem blonden Mädchen. Mein Sohn, schon einige Jahre alt, führte das kleine Mädchen, welches schon laufen konnte, hinter sich her, als wolle er ihr etwas zeigen.

10 Monate später war ich wieder schwanger. Diese Schwangerschaft hob sich durch starke Übelkeit und Launenhaftigkeit von den anderen beiden ab, meine Ernährung ließ wieder alles zu, was essbar war; manchmal musste es spätabends noch das halbe Hähnchen vom Imbiss sein oder 3 Tafeln Schokolade hintereinander. Ich nahm 20 kg zu und fühlte mich in der zweiten Hälfte der Schwangerschaft immer besser. Die Stimmungsschwankungen sowie ein starker Hang zur Gesellschaftskritik wurden nun Teil meiner Persönlichkeit. Ich hatte zwei Geburtstermine zur Auswahl, mein Kind entschied sich schließlich für die Mitte.

Es war der 12. Februar 1993, mein 26.Geburtstag. Nach mehrwöchentlichen täglichen Vorwehen wachte ich an diesem Freitag sehr schlechtgelaunt auf, niemand konnte es mir recht machen. Ich ärgerte mich über das matschgraue Winterwetter, mich ärgerte der Ofen, der nicht wirklich Wärme geben wollte und meine Kinder ärgerten mich. Geburtstagslaune kam erst auf, als ich eine Blaue - Wolken - Torte zauberte. Das Rezept hatte ich in irgendeiner Zeitschrift gefunden unter dem Thema: Rezepte für jedes Sternzeichen. Die Wassermann-Torte sollte wolkenförmig, grenzenlos, blau und süß sein. Die blaue Sahne enthielt Blue Curacao. Die übliche Routine wie Abwasch, Tisch decken und Gastgeberperfektionismus war mir heute egal. Mein Mann kümmerte sich um alles, und so war es angenehm warm und gemütlich im Wohnzimmer.

Um 15.00 kamen mein Schwiegervater mit seiner Freundin und meine Mutter. Ich lag so entspannt wie möglich auf dem Sofa bei blauer Torte und Kaffee. Ich zählte die Minuten zwischen den Wehen.

Dann kam der Satz von der Freundin meines Schwiegervaters, der eine entscheidende Satz, der im Hintergrund soviel Überzeugungsmacht besaß.

„Willst Du nicht doch ins Krankenhaus? Es kann doch so viel

passieren, das Kind kann steckenbleiben, die Hebamme kommt zu spät, der Blutverlust, die Plazenta löst sich nicht richtig, was ist, wenn der Damm reißt - geh doch ins Krankenhaus, da ist doch alles viel bequemer". Dies wiederholte sie mehrmals !

Auch wenn mich ihre Worte nicht beeinflussen konnten, jedenfalls nicht oberflächlich, so verfiel ich doch in eine Abwehrhaltung, indem ich ihr mehrmals erklärte, warum für mich ausschließlich die Hausgeburt in Frage kommt. Durch mein Rechtfertigen konnten ihre Worte und Ängste aber in mich eindringen.

Die Wehen hörten durch den psychischen Stress dann auf. Als einige Bekannte gegen Abend dazu kamen, verabschiedete sich die Verwandtschaft. Ich gab meinem Mann grünes Licht, d.h. er durfte feiern. Ich brachte um 20.00 die Kinder ins Bett und entspannte noch kurz in der Badewanne, mit einem Gläschen Blue Curacao. Danach war ich so müde, dass ich ins Bett ging und gleich einschlief.

Um Mitternacht herum ging mein Mann ziemlich alkoholisiert ins Bett. Ich wachte auf, da meine Blase drückte. Es schneite und der Ofen, der mich den halben Tag geärgert hatte, war natürlich aus. Ich konnte nicht wieder einschlafen, da nun erneut die Wehen einsetzten. Mir war sofort klar, dass das Kind jetzt in der Stille der Nacht geboren werden wollte!

Mein Mann war der Meinung, er müsse erst einmal schlafen, die Geburt könne sich ja noch hinziehen. Er hatte ja recht, im Schlaf baut die Leber den Alkohol schneller ab. Doch ich war ziemlich verärgert darüber, dass ich nun mit Geburtswehen vor dem Ofen hockte, der natürlich wieder mal nicht wirklich Feuer fangen wollte. Dazu war es draußen zu nass und drinnen zu feucht und insgesamt zu kalt. Ich versuchte die Hebamme anzurufen und ließ es wieder, vielleicht war es ja doch Fehlalarm. Trotzdem bereitete ich noch das Bett mit Folie und altem Laken sowie Unterlagen vor. Dann war Warten angesagt, die Wehen waren einfach noch nicht stark genug.

Ich berichte in einem späteren Kapitel über die Hormone, die bei einer Geburt mitwirken, dadurch wird deutlich, wie wichtig Ruhe, Entspannung und ein warmes, positives Umfeld bei einer Geburt sind.

Ich legte mich also wieder ins Bett, versuchte zu schlafen, doch die starke Unruhe trieb mich immer wieder auf die Beine. Mein Mann murmelte noch etwas wie: „Geh doch schlafen." Das beruhigte mich nicht gerade. Ich versuchte, die Geburt mit Bewegungen wie Beckenkreisen usw. und sehr viel herumgehen zu beschleunigen.

Um ca. drei Uhr platzte die Fruchtblase. Da bei den beiden vorherigen Geburten dies jeweils die Endphase einleitete, dachte ich, ich könne schon mal pressen, doch es geschah nichts. Ich konnte nun nicht mehr aufstehen, spürte meine Beine kaum noch und hockte bereits im sogenannten Vierfüsslerstand. Ich war völlig erschöpft und legte mich zwischendurch auf die Seite, um mich gleich wieder aufzurichten.

Die Worte meiner Schwiegermutter hämmerten in meinem Kopf. Um diese nicht mehr hören zu müssen, dachte ich immer wieder : „Liebe, Licht und Frieden!" Ich hatte damals noch keine Ahnung von der Kraft der Mantren und tat intuitiv das Richtige, um die angstbesetzten Gedanken aus meinem Kopf zu bekommen.

Ich war nun ein einziger Schmerz, mir war kalt, der Elektrothermostat war unangenehm laut und brachte kaum Wärme.

Unser 19 Monate alter Sohn kam ins Bett. Zum Glück war sein Papa nun in der Lage, sich um alles zu kümmern. Er rief die Hebamme an, brachte mit Leichtigkeit den Ofen in

Gang, sorgte für angenehmes Licht und versuchte unserem Sohn klarzumachen, dass die Mama nun gerade nicht kuscheln kann. Dann setzten die Presswehen ein und ich bekam Kraft. Ich dachte weiter an Liebe, Licht und Frieden und hatte bei jeder Wehe den Eindruck, gleich auseinander-zureißen. Meine Wahrnehmung war mal im Körper, mal außerhalb. Meine Gefühle wechselten von Todesangst zu Staunen über die Fähigkeiten des Körpers. Ich traute mich nicht, durch diesen Schmerz hindurchzugehen. Dieses wahnsinnige Stechen in der Hüfte hatte ich zuvor nie kennengelernt. Endlose Zeitlosigkeit verstrich...

Die Hebamme rief an, sie stecke gerade in einer Schnee-wehe und müsse außerdem zu einer anderen Geburt, dort gäbe es Probleme.

Ich wusste, der Erfolg der Geburt hing nun von mir allein ab. Ich hatte es schon zweimal erlebt. Doch diesmal war alles anders, schwerer, trauriger, kräftezehrender. Ich war sooo müde. Vielleicht gibt es Gott und Engel, für den Fall sprach ich in Gedanken mit ihnen. Ich bekam die Assoziation, ich bin ein Kanal, den ich mit Gedankenkraft weiten kann – davon hatte ich zwar schon mal gelesen, doch dieses bei den ersten beiden Geburten nicht bewusst wahrgenommen. Mir wurde nun überdeutlich klar, die Geburt geht nur voran, wenn ich dem Kind die größtmöglichste Bewegungsfreiheit biete, mich mental und emotional und damit körperlich öffne. Es geht nur vorwärts, nicht rückwärts. Es lag in meiner Verant-wortung. Und diese Verantwortung konnte mir niemand nehmen, keine Hebamme, auch nicht mein Mann, schon gar nicht ein Schulmediziner! Diese Gewissheit tat nun gut und gab mir Kraft, denn die brauchte ich. Mein Mann massierte mir den Rücken, bis meine Angst, der Körper könnte reißen, verflogen war. Ich weiß nicht, wie lange die Presswehen anhielten, es waren viele. Schließlich erschien der Kopf während eines reißenden Schmerzens, den ich nie wieder vergessen werde und einem Krachen im Hüftgelenk. Ich öffnete dabei dummerweise die Augen und sah um mich herum ganz helles Licht. An die schwarzen Punkte im Blickfeld, die durch das starke Pressen mit offenen Augen entstehen, habe ich mich inzwischen gewöhnt. Ich schaute dann in das Gesicht meiner Tochter zwischen meinen Beinen. Sie war also ein Sternengucker! Kindern, die mit dem Gesicht nach vorne geboren werden, sagte man früher besondere Fähigkeiten nach – naja, irgendwie ist doch jeder Mensch besonders und einzigartig! Aber es gibt bequeme und unbequeme Kinder und eine Sternengucker- Geburt ist schmerzhafter und meist von längerer Dauer…

Diese fünf Stunden kamen mir später wie Tage vor, es war eine schwere Reise, doch sie war noch lange nicht zu Ende.

Das Gesicht unserer Tochter war blau, ihr erster Schrei eher leise. Dann kam die Hebamme von der anderen Geburt, bei der es Komplikationen gegeben hatte, zu großer Kopf und gerissen. Die Frau hatte zu früh gepresst. Ich hatte den Eindruck, das hätte auch ich sein können.

Der Arzt sei noch bei ihr und würde auch mich besuchen, wenn ich einverstanden sei. Dieser Arzt, mit dem meine Hebamme zusammenarbeitete, war eigentlich schon im Ruhestand, ich war seine letzte Patientin. Die Nabelschnur durfte ich wieder selbst durchschneiden, die Nachgeburt war in Ordnung und der Papa vergrub diese wieder an einem geheimen Ort, allerdings im Frost. Der Arzt kam und bestätigte leichte Risse, die aber verheilen würden. Ich war froh, nicht genäht werden zu müssen und keine Narben zu bekommen. Aber Arzt wie Hebamme versicherten mir, dass der Kopf der Kleinen sehr groß war und dass es fast ein Wunder war, dass ich dieses Kind ohne fremde Hilfe gebären konnte. Im Krankenhaus hätte man der Einfachheit halber einen Kaiserschnitt durchgeführt. Ich hatte alles richtig gemacht und die Kälte sowie meine Unsicherheit hätten wohl zu der Verzögerung geführt, die ich ja dann selber überwunden hatte. An dem blauen Gesicht des Babys könne man die Stauung erkennen, die durch das Feststecken im Geburtskanal entstanden sei. Schade, dass ich damals noch nichts über mentale Kraft und Konditionierungen wusste, aber ich habe durch diese Geburt eine Menge gelernt. Der Arzt verabschiedete sich und die Hebamme und mein Mann sowie beide Kinder frühstückten erst einmal.

Dann kam meine Mutter. Sie sah sich das Baby an und meinte gleich, die atmet ja kaum. Ich bekam einen Riesenschreck! Dann fand ich auch, dass sie sehr flach atmete und sich kalt und schlapp anfühlte. Mir kamen Erinnerungen an Tiergeburten ins Bewusstsein, bei denen manchmal Tierbabys nach der Geburt gestorben waren. Die Hebamme untersuchte bei dem schlafenden Baby die Herztöne und den Blutdruck, meiner war inzwischen sicherlich gestiegen, und sagte: „Das kann ich jetzt nicht verantworten, die Kleine muss ins Krankenhaus." Sie vermutete Überanstrengung, Anpassungsschwierigkeiten, es könne aber auch ein Herzfehler sein.

Das Notarzt-Team war dann allen Ernstes der Meinung, sie holen nur das Kind ab, die Mutter sei ja gesund, sie wären auch nur mit dem Pkw da. Sie entrissen mir das Baby und fuhren weg. Mein Mann half mir sofort beim Anziehen, damit wir hinterherfahren. Dabei brach ich zusammen, körperlich und nervlich. Einige Tage zuvor hatte ich diese Situation geträumt. Die Hebamme stellte einen Blutsturz fest und 10 Minuten später stand ein Krankenwagen vor der Tür.

Im Krankenhaus angekommen wurde ich in ein Zimmer geschoben. Auf meine Frage, wo mein Kind sei, folgte die sachliche Antwort, es sei wohl im Babyzimmer. Ich stand also vorsichtig auf, mir war schwarz vor Augen. Ich tastete mich an der Wand des Krankenhausflures entlang und fand schließlich das Babyzimmer. Das Bettchen, an dem der Name meiner Tochter stand, war leer. Ich musste alle Horrorvorstellungen verdrängen. Zum Glück kam eine Krankenschwester, die mein Kind auf dem Arm hielt und erklärte, es wäre gerade untersucht worden. Ich wollte lieber nicht wissen, was unternommen wurde. Meine Hebamme kam dann auch hinzu; sie war hinterhergefahren, um die nötigen Formalitäten zu erledigen und nach dem Baby zu sehen. Und natürlich wollte sie sich mit mir noch unterhalten.

Ich wurde mit sanften Druck in mein Bett gebracht, kurz darauf schob die Pflegerin meine Tochter im Wärmebettchen neben mich. Kurze Unterhaltung über den Gesundheitszustand, sie sei unterkühlt, sonst wohlauf, mit dem Herzen stimme vielleicht etwas nicht, da müsse ich den Kinderarzt fragen. Ich solle lieber an mich denken und ruhen, mein Blutdruck sei extrem niedrig. Ich wurde dann noch an eine Infusion gebunden. Mein Mann war nun auch da. Er gab mir mein Baby unter meine Bettdecke, damit sie endlich meine Körperwärme spüren konnte. Wir redeten noch eine Zeit lang über das Erlebte. Bald darauf wachte die Kleine auf, wimmerte etwas, ich bemerkte den vielen Schleim in Mund und Nase. Nach dem Mittagessen, etwas Schlaf und ersten Stillversuchen hatte ich schon ein deutlich wacheres Baby bei mir. Dann war Schichtwechsel und ich wurde von einer Spätdienst-Hebamme begrüßt. Ihr fielen gleich die verschleimten Atemwege auf, weshalb sie ein Röhrchen besorgte und absaugte. Warum hatte das vorher niemand getan? Meine Hebamme meinte dazu später, sie sei zu gestresst gewesen, zwei schwere Geburten gleichzeitig, Straßenglätte, drei Stunden Schlaf, woran sie zwar gewöhnt sei, aber man könne ja mal etwas übersehen. Nun konnte unsere Tochter sich endlich doch mit lauter Stimme bemerkbar machen. Wir bekamen noch eine Menge Besuch, unter anderem die Freundin meines Schwiegervaters. Sie bemerkte natürlich: „Hab ich doch gesagt". Aus heutiger Sicht hätte ich mich anders verhalten, aber damals habe ich mich noch sehr leicht verunsichern lassen und noch nicht die Selbstverantwortung gehabt wie heute. Doch Erfahrungen wie diese haben mich wachsen lassen und zu den heutigen Erkenntnissen gebracht. Hätte ich keine Krankenhauserfahrungen gesammelt, könnte ich nicht behaupten, ich habe diesen ganzen Wahnsinn selbst erlebt.

Darüber hinaus hatten mein Mann und ich noch eine kleine Auseinandersetzung mit dem Chefarzt. Der Kinderarzt hatte ihn darauf aufmerksam gemacht, dass ich mich weigerte, das Kind nach Vorschrift im Wärmebett liegen zu lassen. Ich würde seiner Meinung nach das Kind übertrieben bemuttern.

Der Chefarzt hatte jedoch mehr Übersicht und vertraute meiner weiblichen Intuition, welche einfach sagte, dass Mutterliebe die beste Medizin ist, und zwar auch für die Mutter. Ich unterschrieb mal wieder ein Schreiben, worin stand, dass wir Eltern die volle Verantwortung über das Leben unseres Kindes übernehmen, und ich als erwachsene Frau über mich selbst bestimmen kann.

Gegen die Infusion hatte ich ja nichts einzuwenden, Flüssigkeit und Glucose haben ja ihre positive Wirkung. Doch darüberhinausgehende „stabilisierende Maßnahmen" lehnte ich selbstbewusst ab.

Ich schlief relativ gut und durfte am nächsten Vormittag nach Hause. Ich glaube, man war auch ganz froh darüber. Bei meiner Tochter gab es ein kleines Loch in der Herzscheidewand, welches sich meist vor, aber manchmal auch erst nach der Geburt schließt. Es kann zu Anpassungsschwierigkeiten im Kreislaufsystem führen. Bei einer Nachuntersuchung nach einem Jahr gab es kein Loch mehr. Die Kälteempfindlichkeit ist allerdings bis heute geblieben.

Nach dieser Geburt wurden mir mehrere Lendenwirbel wieder eingerenkt und eine Schilddrüsenüberfunktion festgestellt. Doch das Leben war schön und wir lachten viel. Morgaine entwickelte sich zu einem fröhlichen,

experimentierfreudigen Mädchen mit einem „dicken Kopf"
und einem „offenen" Herzen.

PARVATI

Ich nenne dieses Mädchen so, da mich schon ihr erster
Anblick an eine indische Göttin, genauer gesagt, der
Gefährtin Shivas, erinnerte.

Nachdem mir im Sommer 94 zwei Weisheitszähne gezogen worden waren, besorgte ich mir gleich nach dem Zahn-
arztbesuch einen Schwangerschaftstest. In dieser Schwangerschaft ging es mir sehr gut, bis auf einige Ohnmachtsanfälle,
da die Gebärmutter auf ein Blutgefäß drückte. Ich hatte
inzwischen ein intensives Körpergefühl entwickelt, fühlte
mich schön, war nach einigen Jahren Familienleben nun
wieder kontaktfreudiger geworden und freute mich auf das
vierte Kind. Leider schien kaum jemand aus unserem
Freundeskreis diese Freude mit mir teilen zu wollen. Es war
schon zur Normalität geworden, dass ich ungefähr alle zwei
Jahre schwanger war. Für mich war es jedes Mal eine neue
Mutprobe.

In diesem Jahr befanden wir uns im juristischen Prozess
mit unseren Vermietern und waren auf Wohnungssuche. Das
bisherige Häuschen wäre ohnehin zu klein geworden, es sei
denn, wir hätten Mietkauf vereinbaren können und den Dach-
boden ausgebaut. Doch unsere Vermieter wollten keine
asoziale Familie in ihrem Eigentum wohnen lassen.

Es war der neunte Tag nach dem Geburtstermin, Freitag,
der 24.03.1995, der Tag, an dem ich mich vormittags mit der
Mutter-Kind-Gruppe traf. Der Treffpunkt lag 5 km von zu
Hause entfernt. Vor knapp 4 Wochen hatte die Geburt
begonnen, d.h. ich hatte nachts starke rhythmische Wehen
gehabt, die Hebamme war gekommen, um festzustellen, dass

der Muttermund geöffnet war, die Geburt also begonnen hatte. Nach einiger Zeit hatten die Wehen aufgehört und die Hebamme sich verabschiedet mit den Worten: „Das Kind ruht sich noch ein bisschen aus, es geht dann wohl im Laufe des Tages weiter." Nein, es ging nicht weiter. Jeden Vormittag kamen rhythmische Wehen, nach einem Bad hörten diese dann auf. Immer, wenn ich saß, fühlte es sich an, als säße ich auf dem Kopf des Kindes. Mein Mann verwöhnte mich mit gutem Essen und nahm mir die Hausarbeit und Kinder ab. Ich wechselte zwischen Ruhe auf dem Sofa und ausgedehnten Sparziergängen. Manchmal hackte ich auch Holz oder trug den Einkauf ins Haus und tat alles mögliche, was die Geburt hätte auslösen müssen. Der Geburtstermin verstrich und die Hebamme hatte mich noch einige Male untersucht. Dem Kind und mir ging es aber weiterhin gut. Die Wehen, die täglich vom frühen Morgen bis zum Mittag andauerten, beachtete ich nicht mehr. Meist konnte ich es mir sogar leisten, im Bett zu bleiben.

An diesem Freitag wunderte es mich etwas, dass der Kaffee nicht schmeckte, das Brötchen im Magen drückte und mir schwindelig war. Früher als sonst fuhr ich nach Hause. Meine drei Kinder stritten sich im Auto, sodass ich anhalten musste. Eine heftige Wehe lähmte mir die Beine und ich musste einige Male tief Luft holen, um langsam und vorsichtig weiterfahren zu können. Gegen zwölf Uhr war ich zu Hause, mein Mann saß mit einem Bekannten in der Küche bei Kaffee und Brötchen. Der Bekannte, übrigens ein Single und ohne Kontakt zu Kindern und Müttern, staunte nicht schlecht, als ich sagte, ich bekomme jetzt das Kind. Ich wollte aber erst in die Badewanne und evtl. im Wasser gebären. Die beiden Männer hatten im Schuppen zu tun, ich bat meinen Mann, die Kinder mitzunehmen. Ich würde Bescheid sagen, wenn ich mir ganz sicher sei. Ich wollte alleine sein.

An diesem Tag war es entgegen der vorherigen Tage bedeckt und kühl. Um in die Badewanne gehen zu können, musste ich 20 min warten, bis der Badeofen genug Temperatur hatte. Soweit sollte es nicht kommen. Meine Unruhe steigerte sich und ich schaffte es kaum, den Ofen im Schlafzimmer anzuzünden, dieser Ofen, der mich schon seit Jahren ärgerte.

Ich wollte die Hebamme anrufen, doch verschwammen die Zahlen vor meinen Augen. Ich fühlte mich wie betrunken, torkelte zwischen Toilette, Bad und Schlafzimmer hin und her, ohne zu wissen, was ich wollte. Dann lief mir das Fruchtwasser die Beine herunter und die Unsicherheit wich einem unbeschreiblichen Glücksgefühl. Endlich! Es war unmöglich zur Haustür zu gelangen, diese acht oder zehn Meter waren einfach unüberwindbar. Das nächste Fenster war höchstens drei Meter entfernt, also öffnete ich es und genau in diesem Moment lief meine älteste Tochter vorbei. Ich rief ihr zu: „Sag Papa Bescheid, das Baby kommt!" Wenige Sekunden später kam der Papa zu mir. Er heizte den Ofen nach, bereitete das Bett vor, inzwischen eine Routinearbeit und rief die Hebamme an. Die Kinder ließ er bei unserem Bekannten draußen im Wald. Dieser hatte noch gesagt: „Wie, Heidi bekommt jetzt ein Kind? Einfach so? Das geht? Wie lange dauert denn so etwas? Ich muss ja irgendwann nach Hause!"

Ich lag inzwischen ausgezogen im Bett, ruhte etwas zwischen den Wehen, schwitzte und bereitete mich innerlich auf einen kräftezehrenden Prozess vor. Die Hebamme rief um ca. 13.00 Uhr an um mitzuteilen, sie stecke im Stau, wir könnten aber ruhig ohne sie weitermachen, wir hätten ja Erfahrungen.

Die erste Presswehe; nun geht's los, dachte ich erfreut. Die dritte Geburt war mir noch allzu deutlich in Erinnerung. Ich stellte mich selbst als Kanal vor und konzentrierte mich auf die Bewegung des Kindes. Ich spürte deutlich die Spiralbewegung, mit der sich jedes Baby durch den Geburtskanal windet, wenn es dabei nicht gestört wird.

Draußen im Wald hörte man mich zweimal laut schreien, dann etwas leiser den ersten Schrei eines Neugeborenen. Sekunden später marschierten die drei Geschwister der Kleinen zu mir ans Bett und schauten ihrer soeben geborenen Schwester in deren geöffneten Augen. Unser Bekannter blieb im Flur und fragte etwas schüchtern, ob alles okay sei. Er durfte auch ins Schlafzimmer, staunte über die Einfachheit so einer Hausgeburt, staunte über die offenen wachen Katzenaugen und die langen schwarzen Haare unserer Tochter, staunte über das Wunder der Geburt. Es war inzwischen gegen halb zwei nachmittags. Aus irgendeinem Grunde musste er plötzlich nach Hause…

Das Geburtserlebnis war für mich also vorbei, bevor es richtig begonnen hatte. Kein Sterben und neu geboren werden, keine Phase, in der ich fast aufgegeben hätte. Diese Geburt war noch viel kürzer als die zweite und vollkommen ohne Pausen. Es erinnerte mich an Erzählungen über Frauen, die ihr Kind bei der Feldarbeit bekamen und danach weiter gejätet haben.

Die Hebamme kam irgendwann, nachdem ich die Nabelschnur durchtrennt hatte, erledigte die Formalitäten und untersuchte die Nachgeburt, die sehr sauerstoffarm und ausgezehrt gewesen war und die dann auch an einem geheimen Ort vergraben wurde. Wir philosophierten darüber, warum zwischen dem ersten Fehlalarm und der Geburt nun doch so viel Zeit verstrichen war.

Nach der dritten Geburt hatte ich die Befürchtung gehabt, der Kopf könne wieder so groß sein. Das kann die frühen Eröffnungswehen herbeigeführt haben. Mein Körper wollte einfach nicht länger warten, zudem drückte der Kopf des Babys dieses Mal sehr früh nach unten. Parvatis knappe

Antwort zu diesem Thema lautete einige Jahre später: „Ich wollte Widder werden." Ja klar! Spätestens da wusste ich, das Kind bestimmt den Zeitpunkt der Geburt, nicht die Mutter oder die Gebärmutter und schon gar nicht Außenstehende!

Dann bekamen wir Besuch vom Opa und dessen destruktiv denkende Freundin, die zufällig einen Kuchen gebacken und eine Hühnersuppe dabei hatte. Leider kam bei mir das Essen später wieder hoch. An diesem Abend überfiel mich noch einmal eine Ohnmacht, doch am nächsten Vormittag bin ich aufgestanden, um alles tun und lassen zu können, was mir gerade gefiel. Dieses Kind bereitete uns allen sehr viel Freude und hatte einen angenehmen Schlaf-, Wachrhythmus – bis zur schweren Bronchitis Erkrankung mit 11 Monaten, die schließlich nur mit Antibiotikum behandelt werden konnte.

Leider begleiten Infekte und Nahrungsmittelallergien ihr Leben bis heute, doch sie ist weiterhin klar und kompromisslos in all ihren Entscheidungen und geht mit einem hohen Maß an Urvertrauen ihren individuellen Weg.

Albertine

Ich nenne dieses Mädchen nach dem Vornamen meiner Großmutter, da sie deren Re-Inkarnation ist.

Während der zweiten Schwangerschaftshälfte wollte ein Foto von der Mutter meines Vaters neben meinem Bett Platz nehmen. Meine Großmutter war eine sehr starke Frau, die trotz eines harten Lebens nie ihren Humor, ihr Mitgefühl und ihren Lebensmut verloren hatte. Dazu strahlte sie eine innere Weisheit aus, die mich selbst schon als Kleinkind sehr inspiriert hatte.

Eigentlich dachte ich, vier Kinder reichen und ich müsse ja auch mal über einen Beruf nachdenken, vielleicht

Heilpraktiker oder Physiotherapeutin – oder Hebamme. Es wäre aber in nächster Zeit ohnehin nur ein Fernstudium in Frage gekommen.

Im Sommer 1996 sah mein Mann sich ein Neugeborenes in einem Kinderwagen an, ich wollte es gar nicht sehen wegen der „Ansteckungsgefahr". Da musste es schon wieder passiert sein, wahrscheinlich am Abend des Tages, als unsere Hündin Welpen geworfen hatte. Inzwischen hatte ich alle Verhütungsmethoden ausprobiert bis auf eine. Ich musste bis zu meinem 30. Geburtstag noch 7 Monate warten, dann könnte ich mich sterilisieren lassen. Bisher war es nur eine Idee gewesen. Über die Gewissheit, wieder schwanger zu sein, freute ich mich nicht sehr, plötzlich überwog die Angst, ein fünftes Kind wäre zu viel Kraftanstrengung, zu viel Stress, zu viel Alltagsbewältigung. Ich befürchtete, nicht mehr jedem einzelnen Kind gerecht werden zu können. Die Beziehung zu meinem Mann war nicht mehr das, was es einmal war, aber darüber wollte ich nicht nachdenken. Doch mit diesem Gedanken hatte ich einen Samen gesetzt, ohne es zu wissen.

An einem Tag, nur für einen Moment, dachte ich über Schwangerschaftsabbruch nach. Einige Tage später ging ich mit unseren Welpen spazieren, als ein böser Nachbar mit dem Fahrrad vorbeifuhr und mit einem Stock auf einen der Welpen einschlug. Panisch rannte ich hinterher, um diesen Tierquäler vom Fahrrad zu schubsen und zur Rede zu stellen. Ich kam nicht weit, mir lief Wasser an den Beinen herunter. Vorsichtig ging ich nach Hause, erzählte meinem Mann, was vorgefallen war und legte mich aufs Sofa. Mein Mann erwischte diesen Hundeschläger noch, der Welpe trug eine lebenslange Psychose davon und die Frauenärztin verschrieb mir einige Tage Bettruhe und viel Trinken. Dem Fötus war nichts passiert. Ich sagte zu 300% „JA" zu diesem Kind und mein Mann versicherte mir: „Das schaffen wir auch noch!".

Wenig später wurde er in eine Gewalttat rechtsextremer Schlägertypen verwickelt, wodurch er fast sein Leben verloren hätte. Er wurde krankgeschrieben, dann arbeitslos. Er lag meist auf dem Sofa und schaute TV. Er hatte sonst keine Interessen. Schade, dass die Kinder ihn so kennenlernen mussten. Er weigerte sich, eine Therapie zu beginnen und wollte stattdessen ein schönes Leben mit mir. Doch dazu hatte ich keine Zeit. Wir hatten viele Pläne, die nicht umsetzbar waren und noch in weiter Ferne lagen. Realistischer waren für mich der Tagesablauf und meine Schwangerschaft, seine Heilung und der Verkauf der Welpen. Diese Schwangerschaft war anstrengend, mir war ständig übel, ich war immer müde und hatte das Gefühl, nicht allem gerecht werden zu können. Und doch gab es viele, kleine Glücksmomente, die ich nicht missen möchte. 1996/97 war dieser harte Winter mit viel Schnee. Ich hatte einen unbändigen Bewegungsdrang trotz der Müdigkeit und fuhr jeden Tag Fahrrad oder unternahm mit den Hunden weite Spaziergänge. Der Haushalt war mit sechs Personen und vier Hunden die reinste Sisyphus Arbeit. Manchmal habe ich einfach mal den ganzen Tag gelesen. In dieser Schwangerschaft waren es Bücher über Atlantis, Lemuria, über Zukunftsvisionen und eine glückliche Welt.

Im Frühling, zu Ostern schenkte mein Mann uns Nintendo 64. Bis zum Einsetzen der Wehen spielte ich jeden Abend Mario – ganz entgegen meiner bis dahin gelebten Disziplin, meine wertvolle Zeit nicht mit solchen Dingen zu verplempern. Doch es war neu und irgendetwas hatte sich an meinen bis dahin gelebten Überzeugungen geändert. Ich hatte z.B. keine Lust mehr auf einen durchorganisierten Tagesablauf, auf Hektik, auf das tägliche Hinterher-räumen und Putzen. Ich brauchte dringend einen weiteren Horizont, daher auch der ursprüngliche Plan, ein Fernstudium zu beginnen. Nun war ich doch wieder schwanger. Ich erkannte eines Tages, dass gerade diese Seele, die da durch mich inkarnieren wollte, mir diesen Zuwachs an Wissen, Innenschau und neuen Sichtweisen schenkte.

Wir waren inzwischen umgezogen, übrigens in ein Haus mit Zentralheizung und Warmwasser. Dadurch war eine andere Hebamme notwendig geworden. Diese Frau hatte lange im Krankenhaus gedient, bevor sie sich als Hausgeburtshebamme fortgebildet hatte. Sie erzählte mir haarsträubende Geschichten vom Krankenhausalltag. Ärzte, die einen Kaiserschnitt durchführen, um rechtzeitig zum Abendessen und Tagesschau zu Hause zu sein, gewinnbringende Verkäufe von Plazenta und Nabelschnur, die unwürdige Behandlung von Mutter und Kind, viel zu frühe Maßnahmen wie Wehenmittel oder Dammschnitt, die meist gar nicht nötig seien. Und alles dreht sich immer nur ums Geld auf Kosten menschlicher Rechte. Sie hatte etwas von einer Hexe, einer weisen Frau, fand ich. Bei einer letzten Untersuchung hatte meine Gynäkologin festgestellt, dass das Kind eine Steißgeburt werden würde. Ich müsse daher zum Kaiserschnitt ins Krankenhaus. Die Hebamme erklärte mir, wie sie während der Geburt das Kind dreht und welche Techniken sie bei einer Steißlage anwendet. Ich hatte mich ja schon früher über Kindslagen während der Geburt informiert, doch die Aussicht auf dieses sehr schmerzhafte Erlebnis beunruhigte mich doch etwas. In einer der folgenden Nächte erlebte ich die selbstständige Drehung meines Kindes im neunten Monat. Der Kopf blieb nun bis zur Geburt im Becken.

Am Abend des 16.04.97 wollten meine Kinder nicht so gerne ins Bett, um ca. 21.00 schliefen endlich alle. Ich versuchte mich zu entspannen, der Geburtstermin war um 10 Tage überschritten und an die täglichen Wehen hatte ich mich gewöhnt - es war also alles wie immer. Entspannung war nicht möglich, daher sortierte ich Wäsche. Mein Mann spielte Nintendo und ich wollte auch noch ein paar Runden spielen, sobald ich die Wäsche fertig hatte. Die Wehen machten auf sich aufmerksam, ich konnte mich immer mal nicht bewegen und nicht klar denken. Ich beobachtete den Minutenzeiger der Wanduhr: ungefähr alle fünf Minuten eine Wehe, immer mal Pausen. Ich entschied mich für die Badewanne. Mein Mann bereitete das Bad vor und rief die Hebamme an. Die zusammengelegten Wäschestapel und ein Rest von Bettwäsche und Handtüchern lagen noch drei Tage später an der gleichen Stelle. Das fand ich lustig. Doch nun stieg ich zunächst glücklich in die Badewanne und hoffte, bis Mitternacht mein Baby im Arm halten zu können. Die Hebamme rief an, sie bräuchte noch etwas. Es könnte noch dauern, da es plötzlich Schnee und Glatteis auf den Straßen gäbe. Das war ich ja gewohnt. Als sie schließlich zu mir ins Bad kam, hatte ich schon einige Male heißes Wasser nachlaufen lassen. Die Wehen kamen pünktlich alle zwei Minuten und sie stellte fest, dass der Muttermund erst zur Hälfte offen sei. Es war inzwischen gegen Mitternacht. Ich fühlte mich müde und erschöpft und wollte mich hinlegen und entspannen. Mein vierjähriges Töchterchen wankte schlaftrunken zur Toilette und wunderte sich. Sie ließ sich aber vom Papa ins Bett bringen. Die Hebamme half mir ins Bett.

Nach einigen Minuten wurde ich sehr unruhig und ärgerlich, ich erinnerte mich plötzlich an die Schmerzen, die da noch vor mir lagen und wollte meine Ruhe haben – Emotionen, die ich bis dahin nicht kannte. Ich wollte weg! Die Hebamme sagte nur gelassen: „dann geh doch." Ich kam nicht einmal bis zur Zimmertür. Verrückt, was da manchmal in einem vorgeht! Dann bekam ich Homöopathika und Anweisungen zur Atmung. Meine beiden Geburtshelfer bildeten einen liegenden Schutz-Kreis um mich. Dies tat sehr gut und ich konnte etwas die Augen schließen und mich atmend entspannen. Ich fühlte mich beschützt und konzentrierte mich nun ganz auf mein Innerstes. Dann begegnete mir der gut bekannte Kraftschub und der Drang pressen zu müssen. Die Hebamme erinnerte mich immer wieder daran zu atmen und begann zu singen. Ich visualisierte wieder den Kanal und fühlte mich geborgen und getragen. Dann öffnete sich so etwas wie ein Lichttunnel über meinem Kopf, aber auch zum Fenster hin. Ich sah in diesem Licht wieder das Gesicht der göttlichen Mutter! Die Hebamme hielt nichts davon, nachzuhelfen, der Kraftschub musste also von mir kommen. Endlich platzte die Fruchtblase. Statt der vorherigen Müdigkeit spürte ich nun Kraft und Freude und war voller Euphorie. Daher habe ich das Ende dieser Geburt eher angenehm in Erinnerung, wenn man mal von dem stechenden Schmerz im Moment des Kopfaustritts absieht. Ich hockte auf dem Bett und schaute diesem Kind ins Gesicht, also hatte ich wieder einen Sternengucker! Dann rutschte sofort der Körper des Mädchens sanft in die Hände der Hebamme. Um zehn vor eins des 17.Aprils erblickte Albertine das Licht der Welt. Die Geburt hatte ungefähr vier Stunden gedauert, mir kam es allerdings viel länger vor.

Nachdem Albertine diese Welt kurz begrüßt hatte, zog sie es vor zu schlafen und zwar bis zum Abend. Keines meiner Kinder hat gleich nach der Geburt soviel geschlafen. Ich war hellwach, voller Glückshormone und habe weder in dieser Nacht noch am Tage wirklich Schlaf gefunden. Ich hätte gerne Besuch gehabt. Allerdings habe ich den ganzen Tag im Bett verbracht, da ich mich trotz aller Euphorie sehr schwach fühlte. Bei dieser Geburt war ja zum ersten Mal eine Hebamme anwesend gewesen, was mich auch sehr beruhigen und unterstützen konnte. Ich war inzwischen 30 Jahre alt, hatte einiges selber erlebt und vieles gehört oder gelesen, viele unangenehme und angstbesetzte Informationen und Erlebnisse. Dies hatte bei mir zu dem Irrglauben geführt, ich könne nicht genug Energie für ein fünftes Kind aktivieren. Bei meiner Tochter hat es sich dahingehend ausgewirkt, dass sie sich bis heute nicht ganz willkommen fühlt und sich als Erzieherin für benachteiligte Kinder einsetzt.

Als sie drei Monate alt war, starb mein Bruder plötzlich. Ich musste weiter funktionieren, für meine Familie präsent sein, doch fast jede Nacht träumte ich von Begegnungen und Gesprächen mit meinem Bruder, die eine Klarheit und Nachhaltigkeit besaßen, dass ich schließlich nicht mehr daran zweifelte, dass meine Seele ihn nachts „besuchte"…

In diesen Gesprächen von Seele zu Seele erfuhr ich die Hintergründe des Todes und erhielt Erkenntnisse über die Vorbereitung einer Seele auf die nächste Inkarnation. Mein rationaler Verstand ignorierte dieses, um weiter funktionieren zu können. So war ich der Meinung, fünf Kinder seien genug und bereitete mich auf einen Termin zur Sterilisation vor. Da es mir an diesem Tag nicht gut ging, sagte ich den Termin ab. Inzwischen war Albertine 17 Monate alt und wurde nicht mehr gestillt. Die nächtlichen Gespräche mit meinem Bruder hatten aufgehört. Unser letztes Treffen hatte mit seinen Worten geendet: „Ich bin nun soweit." Er schenkte mir einen Apfel, den er aus seiner Tasche zog und ging in eine Richtung, die mir nicht gestattet war zu gehen. In diesem Traum erhielt ich noch Einblicke in andere Bereiche der geistigen Welt.

In dieser Welt gaben mir meine ältesten drei Kinder bekannt, dass sie sich noch einen kleinen Bruder wünschen…

Merlin

Während der Schwangerschaft träumte ich manchmal von einem langen Weg, den ich beschreiten musste und auf dem ich von dem Druiden Merlin begleitet wurde. Daher nenne ich mein jüngstes Kind jetzt mal Merlin.

Dieses Mal wusste ich sofort, ich bin schwanger. Mein Blick in die Anderswelt war bereits geschärft, deutlich sah ich den weißen Raum, das lachende Babygesicht, blaue Augen. Wir hatten das Kondom vergessen. Etwas war bei mir, eine Seelenenergie, die ich gut kannte. Diese Energie sprach zu mir in meinem Kopf. Komischerweise war zu diesem Zeitpunkt die Erinnerung an die Träume mit meinem Bruder gedeckelt. Außerdem war ich von einer gesunden Skepsis befallen, schließlich sollte man nicht jeder Stimme im Kopf vertrauen.

Ich wagte einen Versuch und sagte zu dieser Seele: „Wenn Du bei mir inkarnieren möchtest, ist es zu spät. Ich habe nicht die Energie für ein weiteres Kind."

„Doch, die hast Du. Du schaffst es und Du wirst mich brauchen", kam als Antwort. Nur zögerlich konnte ich mich der inneren Freude öffnen und fragte mich in den darauffolgenden 18 Jahren immer wieder, was diese Worte zu bedeuten hatten. Inzwischen weiß ich es, er war immer der Peaceworker und Heiler in unserer Familie und ist daran fast zerbrochen. Kurz nach seinem 18. Geburtstag zog er aus und die Familie löste sich seitdem auf. Ein Kreis hat sich geschlossen und wird vielleicht eines Tages zur Spirale, wenn jeder seinen Frieden in sich gefunden hat.

Von der Zeugung bis zum Jahresende lagen 9 Wochen, die mit Krankheitsgefühl, Schwächeanfällen und ständiger Übelkeit ausgefüllt waren. Weihnachten musste vorbereitet werden und die kreative Beschäftigung damit lenkte etwas von der Übelkeit ab. Mein Mann wurde nun für ein Jahr krankgeschrieben, weil bleibende Schäden in Lunge und Milz festgestellt worden waren. Dazu kam eine sich immer mehr ausbreitende Depression. Vor über zwei Jahren war er in die Schlägerei geraten und o.B. nach Hause geschickt worden. Inzwischen litt er an chronischer Bronchitis, Atemnot und ständigen Bauchschmerzen. Ich hatte ihm damals versprochen, bei ihm zu bleiben, egal, wie der Verlauf der körperlichen Behinderung werden würde. Nun war er krankgeschrieben und konnte mich in der Schwangerschaft unterstützen, dachte ich…

Zu Beginn des neuen Jahres konnte ich kein Wasser lassen. Nach drei Tagen waren die Schmerzen so stark, dass mein Mann, der glücklicherweise anwesend war, mich ins Krankenhaus fuhr. Dort bekam ich einen Katheder und die medizinische Bestätigung schwanger zu sein. Die Gebär-mutter drückte schon auf die Blase. Als Vielgebärende, über 30-jährige und aufgrund der starken Gebärmuttersenkung wurde ich als Risikoschwanger eingestuft. Ich hatte in diesen ersten neun Wochen 5 Kilo abgenommen.

Dann kam der Hunger. Ich aß plötzlich gerne Currywurst mit Pommes, und zwar zu jeder Tageszeit. Außerdem Pizza, Torte, Weihnachtssachen und Schokolade. Zufällig fiel mir ein Buch über Yoga für Schwangere zu. Ich wusste gar nicht, dass es so etwas gab. So bekam mein Alltag eine gewisse Disziplin. Ich fühlte mich dafür mit jedem Tag fitter und glücklicher. Ich habe diese Schwangerschaft sehr genossen, denn es sollte die letzte sein.

In meinen Träumen tauchte immer mal ein blonder kleiner Junge auf, der von dem Druiden Merlin geführt wurde. Er gab mir Anweisungen, dass dieses Kind viel spielen möchte, dass ich selbst mir ruhig mal hier und da Luxus gönnen könne und dass die Familie bald finanziell gut versorgt sein würde. Letzteres realisierte sich nicht, die anderen Dinge schon.

Im vierten Monat spürte ich die ersten „Tritte" und die

46

Träume hörten auf. Im Tibetischen Totenbuch steht, dass die Seele sich mit Beginn der Kindesbewegungen oder ungefähr im fünften Monat mit dem Körper des neuen Erdenbürgers verbindet.

Der gesamte letzte Schwangerschaftsmonat lag in den Sommerferien. Es war heiß und wir fuhren fast jeden Tag an den See. Ich gewöhnte mich an die morgendlichen Vorwehen und versuchte jeden Gedanken an die Geburt zu verdrängen, da mir diese ewige Warterei von den vorherigen Schwangerschaften zu gut in Erinnerung war. Dieses Kind schaffte es sogar, den errechneten Geburtstermin um 12 Tage zu übertreffen. Ein paar Tage zuvor war „blinder Alarm" angesagt. Die Hebamme, wieder eine andere, da wir inzwischen umgezogen waren, stellte fest, dass der Muttermund noch fest verschlossen war. Ich hatte Glück überhaupt noch eine Hausgeburtshebamme gefunden zu haben, denn 1999 hatten viele schon in Geburtshäuser gewechselt. Die Versicherungskosten waren gestiegen und die Fahrtkosten wurden nur bedingt übernommen. Meine Frauenärztin, die mich nun schon durch die dritte Schwangerschaft begleitete, riet mir von einer Hausgeburt ab, obwohl alle Werte und mein Gesundheitszustand gut waren. Ich ließ sie sowie alle anderen Skeptiker reden...

Nach wochenlanger stickiger Hitze in der Oberwohnung und ständiger Müdigkeit ging es mir am 4. August sehr gut. Ich fühlte mich fit, schwamm sogar immer wieder im See und planschte mit den Kindern. Sonst hatte ich meist nur im Schatten gelegen. Ich erkannte die Vorzeichen und wunderte mich gar nicht, als ich am nächsten Morgen um sechs Uhr früh mit rhythmischen Wehen erwachte. Alle 5 Minuten! Ich schaute aus dem Fenster, es war bedeckt! Ein Glück, heute würde es nicht so heiß werden. Ich nahm mir vor, diese letzte Geburt zu genießen. Mein Mann bereitete mir die Badewanne vor und rief die Hebamme an. Ich wunderte mich, dass diese bald darauf erschien. Keine Zwischenfälle, kein Stau, sie war einfach losgefahren und nach 15 Minuten bei uns angekommen.

Es ist so üblich, dass Hebammen während einer Geburt mit der Familie gemeinsam essen, wenn dies die Tageszeit erfordert. Meine Mutter kam auch bald darauf hinzu, um während der Geburt für die Kinder zu sorgen, und so wurde erst einmal ausgiebig und gutgelaunt gefrühstückt, während ich in der Badewanne saß, einige Lieder sang, mit dem Becken kreiste und tief atmete. Ein Kind nach dem anderen wurde wach und ging natürlich erst einmal auf Toilette, um von mir zu erfahren, dass der kleine Bruder auf dem Weg ist. So wurde die Küche langsam voller, Musik lief, ich sang mit und freute mich mit jeder Wehe mehr auf meinen Jüngsten. Er hatte in meinen Träumen, während der gesamten Schwangerschaft und besonders jetzt eine faszinierende Energie, fand ich. Ich hatte überhaupt keine Angst. Bei allen anderen Geburten war ja mehr oder weniger immer die Angst der Begleiter gewesen, den ich dann zu ignorieren versuchte. Vielleicht schaffte ich diesmal eine Wassergeburt. Die Hebamme besuchte mich in Abständen im Bad und vergewisserte sich über die Herztöne. Mehr Kontakt konnte ich diesmal nicht zulassen, die Kontrolle über den Muttermund lehnte ich ab. Ich empfand nach über einer Stunde im Wasser die Badewanne als zu eng, zu unbequem und zu nass. Das gleiche Spiel wie bei der zweiten und der fünften Geburt, ich hatte das Bedürfnis mich hinzulegen und etwas zu entspannen. Es war nun gegen halb neun. Die Herztöne des Kleinen gingen gelassen und gleichmäßig. Die Hebamme meinte: „Der kennt das, der muss schon oft inkarniert sein." Ich musste kurz an meinen Bruder denken. „Aber irgendetwas stimmt nicht...". Die Hebamme war eine sehr intuitive Frau, die selber vier Kinder geboren hatte. Die Fruchtblase platzte, als ich mich nach kurzer Ruhephase aufgerichtet hatte, um auf Toilette zu gehen. Dies war allerdings nicht mehr möglich und eigentlich auch egal!

Mein Sohn hatte es nun schrecklich eilig. Ich spürte ein Gewicht, welches stark nach unten zog, mein Becken knackte irgendwo, doch ich hatte keine Angst. Ich kniete und hielt mich an den Unterarmen meines Mannes fest. Dort waren am nächsten Tag blaue Flecke zu erkennen. Ich hatte den Drang zu pressen und holte tief Luft. Dann atmete ich ca. 1 Minute lang aus, laut Aussage der Hebamme. Es gab ein Vakuum, ich konnte weder ein- noch ausatmen, nicht hecheln, gar nichts. Das Kind wand sich tatsächlich mit einer Wehe komplett raus. In dem Moment, als der Kopf zu sehen war, hörte ich meinen Mann flüstern : „Die Nabelschnur..." und schon löste er eine Hand von mir und wickelte die Nabelschnur vom Hals. Dabei folgte schon der Rest des Kindes. Dies nahm ich wahr, obwohl mir fast die Sinne schwanden. Der Merlin aus meinen Träumen tauchte vor meinem inneren Auge auf. Das meiste Fruchtwasser kam erst jetzt mit dem Kind und war grün. Die Hebamme hatte also nicht ganz unrecht mit ihrem „Irgendetwas stimmt nicht". Allerdings konnte sie bei der Untersuchung nichts Außergewöhnliches feststellen.

Als der kleine Löwe nun kräftig brüllte und diese Welt begrüßte, kamen seine fünf Geschwister aus der Küche gelaufen, um ihn zu begrüßen. Er hatte sofort Hunger, leerte Darm und Blase gleich auf meinem Bauch und schlief dann zufrieden ein. Dieses Mal brauchte ich nicht auf den Milchfluss zu warten, der Kleine saugte so kräftig, dass gleich am ersten Tag reichlich Milch produziert wurde. Allerdings hatte ich diesmal eine Woche lang die schlimmsten Nachwehen, die man sich vorstellen kann. Hinzu kamen Kopfschmerzen, Fieber, Kreislaufbeschwerden, Knochenschmerzen, also sämtliche Symptome der hormonellen Rückbildung in hoher Dosis. So blieb ich eine Woche überwiegend im Bett. Zur Sonnenfinsternis am

11.August 1999 bin ich zum ersten Mal aus dem Haus gegangen. Anders als bei den vorherigen Geburten ging diesmal in den Tagen danach meine gesamte Wahrnehmung nach innen. Ich sah Bilder aus früheren Inkarnationen mit diesem Neugeborenen, nahm meinen Körper in allen Einzelheiten wahr, sah aber auch die Schatten, die mein Kind bedrohen würden und eine dunkelhäutige Frau, die seine Partnerin werden würde. Daraus ergaben sich viele neue Fragen, die ich bewusst offen ließ, denn das Leben selbst gibt Antworten. Meine spirituelle Entwicklung war mit jeder Geburt fortgeschritten, doch noch lange nicht abgeschlossen. Nur zögerlich nahm ich die Öffnung in die geistige Welt an, die mir mein jüngstes Kind geschenkt hatte. Es gab Höhen und Tiefen, die Höhen sind die Ruhephasen, die Tiefen beinhalten die wichtigen Lernerfahrungen. Dummerweise verlängert man unnötig jedes Leiden, wenn man nicht gleich die Botschaft erkennt. Das sind dann die wiederkehrenden Situationen. Alle sechs Kinder waren seitdem starke Spiegel und Regulatoren. Ich zerlegte zum Beispiel mein Ego, war völlig selbstlos und bedürfnislos und mein Mann und einige der Kinder empfanden mich als egoistisch. Um dahinter schließlich zu erkennen, dass meine Seele ihren Plan leben möchte, mein Ego aber zum unsichtbaren Kontrolleur in meinem Kopf wurde, vergingen viele Jahre der Irrwege und Umwege. Nun habe ich endlich einen Punkt erreicht, an dem ich wertungsfreie Achtsamkeit lebe und erkenne, es ist wieder nur eine neue Ebene der Spirale nach oben in Richtung universeller Liebe und Frieden.

KRANKENHAUSGEBURT VS. HAUSGEBURT/GEBURTSHAUS

„Es gibt nur zwei Dinge, die unendlich sind; das Universum und die menschliche Dummheit, beim Universum bin ich mir aber nicht sicher"
(Albert Einstein)

Vorweg, eine natürliche Geburt ist auch im Krankenhaus möglich, wenn das Selbstbewusstsein der Eltern stark genug ist oder die Hebamme und der Arzt/die Ärztin eher humanistisch denken als wirtschaftlich. Das letzte Wort hat im Krankenhaus immer die Schulmedizin. Und, was ich nie richtig verstanden habe, wenn eine werdende Mutter gut informiert ist, was ja selbstverständlich sein sollte, da es um ihren Körper geht, warum begibt sie sich für die Geburt freiwillig in ein Kranken-Haus, um dort ihre Selbstverantwortung abzulegen?

Warum verzichtet sie auf die häusliche Intimität, in der sie sich dem Geburtsverlauf ganz hingeben könnte? Ganz einfach: Sie weiß es nicht besser. Wir wurden meist so konditioniert, dass Schwangerschaft ein anderer Zustand und damit eine Krankheit ist.

Im Krankenhaus werden Ängste erzeugt. Es gibt dort kaum ein Bewusstsein darüber, wozu der weibliche Körper wirklich fähig ist, kein Vertrauen in das perfekte Zusammenspiel zwischen Mutter und Kind. Die Gebärende im Krankenhaus ist allenfalls eine Frau im Ausnahmezustand, die man nicht ernst nehmen braucht. So verlieren junge Mütter ihre menschliche Würde, werden nicht gehört, nicht gesehen und nicht wahrgenommen. Die weibliche Intuition, die während der Geburt sehr stark ausgeprägt ist, wird überhört, missachtet und verneint. Wohlgemerkt, es gibt auch

Ausnahmen, doch die sind eher selten.

Die vermeintliche Sicherheit des Krankenhauses hindert die Gebärende oft daran, wirklich loszulassen. Es ist sehr wichtig, sich ganz dem Prozess hinzugeben und sich körperlich, emotional und geistig ganz öffnen zu können. Eine Geburt ist nicht nur ein biologischer Vorgang, sondern findet auf allen Bewusstseinsebenen statt. So wie ich bei der dritten Geburt meine Geisteskraft zum ersten Mal bewusst einsetzte, so kann jede Frau dies lernen.

Im Krankenhaus werden ständig Blutdruck, Herztöne, Muttermund, Wehen und die Lage des Kindes überwacht und kontrolliert und wenn ein Wert nicht den Vorgaben entspricht, werden Maßnahmen ergriffen, die den Geburtsablauf eher stören als fördern.

Ein Kaiserschnitt füllt die Kasse, ist planbar und berechenbar, sauberer, schneller und rationaler. Was aus schulmedizinischer Sicht leichter zu bewerkstelligen ist, hat für die Entwicklung des Kindes und die körperliche und psychische Regeneration der Mutter oft verheerende Folgen.

Immer mehr Menschen erkennen zur Zeit, dass die Gesellschaft „krank" ist. Warum denn „krank" und womit beginnt dieses „kranke" Denken und Handeln, ganz zu schweigen vom Fühlen. Die emotionalen Blockaden und Traumata, die durch Kaiserschnitt und Co. entstehen, sind immens.

Fast jedes dritte(!) Kind in Deutschland erblickt durch einen Kaiserschnitt das Licht dieser Welt. Die Zahlen variieren dabei von Bundesland zu Bundesland, da nicht alle Bundesländer einen Wunschkaiserschnitt befürworten. Eine sogenannte „medizinische Notwendigkeit" liegt nur in ganz wenigen Fällen vor. Meist wird eine Störung des Geburtsprozesses herbeigeführt, wenn auch unbewusst. Inzwischen sterben in Europa mehr Mütter und Kinder an einem Kaiserschnitt als bei einer natürlichen Geburt. Doch auch hier spricht das Recht gegen die Natur: „Es ist noch niemand wegen einer Sectio (Kaiserschnitt) zu viel verurteilt worden." Wenn bei einer „normalen" Geburt im Krankenhaus Komplikationen auftauchen, die zu schweren Verletzungen oder zum Tod führen, werden die Geburtshelfer eher vor die Gerichte gezogen. Verkehrte Welt! Am besten tauchen keine Komplikationen auf, dann muss auch niemand verurteilt werden.

Nur langsam spricht sich in den Krankenhäusern herum, dass zum menschlichen Körper auch die Psyche gehört. Der Mutter und dem Kind schwinden also irgendwann die Kräfte und es wird zum Messer gegriffen. Oder, wenn der Kopf schon zu weit im Geburtskanal steckt, wird die Fruchtblase aufgestochen (was den Geburtsvorgang dann beschleunigt) oder die werdende Mutter bekommt einen Dammschnitt mit der Begründung, das Kind wäre zu groß.

Wir denken uns nichts dabei, wir haben verlernt, Fragen zu stellen. Wir sind es gewohnt, wie Objekte behandelt zu werden. Viele von uns haben nie gelernt, selbstständig zu denken. Wie denn auch? Die meisten von uns sind ja selber im Krankenhaus zur Welt gekommen, wurden dann in Kindergarten, Schule, vom Kinderarzt und durch Medien fremdbestimmt von Menschen, die selbst fremdbestimmt wurden und werden und so weiter. Wenn wir diesen Teufelskreis nicht endlich durchbrechen, sind wir sehr bald Gefangene einer technisierten, seelenlosen Welt und sagen zu allem „Ja" oder „Mäh"! Sind wir da nicht schon?

Es ist bekannt, dass Küken, denen aus dem Ei geholfen wird, keine hohe Lebenserwartung haben. Wenn das Küken ohnehin nach einigen Wochen geschlachtet wird, fällt lediglich auf, dass es kleiner ist als andere und in der Hackordnung ganz unten, aber es wird noch leben. Doch die mangelhafte Lebensfreude lässt das Küken, welches aus dem Ei geholt wurde, immer schwächer und infektanfälliger sein als seine Artgenossen, die sich selbst aus dem Ei kämpfen mussten. Auf den Menschen übertragen bedeutet dies eine depressive Grundstimmung, Allergien, ADHS, Autismus, Asthma, ein schwaches Körpergefühl, schwaches Immunsystem, Suchtneigung und die Suche nach Herausforderungen wie Extremsport, Drogenexperimenten, Grenzerfahrungen, Borderliner usw.

Per Saugglocke oder Zange erblicken immer noch 6% aller Babys in Deutschland das Licht der Welt. Der Vergleich mit dem Küken, welches zu lange braucht, um selbst zu schlüpfen, gilt auch hier. Auch die Angewohnheit, die Fruchtblase während der Geburt durchstechen zu müssen, stellt einen unnatürlichen Eingriff dar. Bei mir platzte die Fruchtblase meist erst mit Beginn der Presswehen. Eine Hebamme erzählte mir, dass das völlig normal sei und jede Fruchtblase reißt, wenn der Kopf des Kindes hart genug drückt. Warum also nachhelfen? Ungeduld ist hier nicht angebracht und das Kind muss die notwendige Energie selbst aufbringen, um geboren zu werden.

Ich habe schreckliche Geschichten von traumatisierten Frauen gehört: Ärzte, die veranlassen, dass die Frau festgeschnallt wird, Verabreichen von Schmerzmitteln gegen den Willen der Gebärenden, unfreiwillige Genitalverstümmelung sowie zwanghafte schmerzhafte Vaginaluntersuchungen. Gebärende werden beschimpft, ausgelacht, beleidigt und missachtet. Diese Tatsache gehört zu den vielen totgeschwiegenen Tabuisierungen unserer „aufgeklärten" Gesellschaft. Ich verstehe nicht, warum so viele Frauen diese Gewaltanwendungen an ihrem Körper und ihrer Seele dulden und nicht zur Anzeige bringen. Dass dann die Nachgeburt sich nicht vollständig oder mit lebensbedrohlichen Blutungen löst, ist verständlich. Das Stillen wird dann schon nach einigen erfolglosen Versuchen abgelehnt, da die Glücksgefühle fehlen. Daraus folgen in vielen Fällen bleibende Hormonstörungen, woraus sich Stoffwechselstörungen ergeben. Doch der Zusammenhang zwischen einer glücklosen Geburt und chronischen Übergewicht, Schilddrüsenunterfunktion, sexuelle Blockaden und Putzsucht will einfach nicht erkannt werden.

Eines ist vor allem klar: Am Krankenhauseingang verliert jeder Mensch seine Selbstverantwortung und seine Würde, das ist bei der Geburt nicht anders als bei einer Blinddarmentzündung.

Selbstverantwortung entsteht, wenn ich aus der Sicht meines Selbst für mein individuelles Denken, Fühlen und Handeln Verantwortung tragen kann. Ein selbstverantwortlicher Mensch fühlt sich in der Lage, für seinen Körper und die seelisch-geistige Gesundheit selbst zu sorgen.

„Die Würde des Menschen ist unantastbar" heißt es im Grundgesetz. Papier ist bekanntlich geduldig. Es ist einfach unwürdig, im Kreißsaal behandelt zu werden wie ein Stück Fleisch - naja, ich übertreibe hier etwas, aber für die Gebärende fühlt es sich oft so an.

Lässt man Mutter und Kind die Zeit, die sie brauchen, ist für eine entspannte, intime und liebevolle Atmosphäre gesorgt, wird sich das Gewebe zwischen Klitoris und After genügend dehnen können, dass es nicht reißen wird. Keine Frau muss einen Dammschnitt bekommen! Die Folgen sind oft verheerend: Schmerzen, schlechte Heilung, energetische Blockaden im Intimbereich, schwindende Libido, sexuelle Verweigerung, Trennung vom Vater des Kindes. Daraus folgt eine Verstärkung der Blockaden und Muster. Untherapiert entstehen daraus Ablehnung jeglicher Berührung und schließlich Depressionen, Putzsucht,Esssucht, Kaufsucht u.v.m. Somit liegt in der weltweiten Bevölkerung sehr viel schöpferisches, weibliches Potenzial brach. So eine traumatisierte Mutter, oft dann auch noch alleinerziehend, gibt dann evtl. die selbst erlittene Gewalt an ihr Kind weiter. Das Kind muss dann wie sie in einem veralteten System nach dem Strafe-Belohnungsprinzip funktionieren. Aber es gibt ja glücklicherweise Ritalin, damit sich niemand wehrt. Und der Mutter gibt man dann blutdrucksenkende Mittel...

Eine Geburt im Krankenhaus dauert durchschnittlich sieben Stunden, eine Geburt im Geburtshaus oder zu Hause drei Stunden. Warum braucht die Krankenhausgeburt über das Doppelte einer Hausgeburt an Zeit? Sind dort nicht alle Möglichkeiten und Sicherheiten gegeben, eine Geburt zu beschleunigen? Und warum sind die Komplikationen im Krankenhaus trotz aller medizinischen Sicherheitsvorkehrungen viel häufiger? Es gibt nur eine Antwort: Angst!

Das Geschäft mit der Angst sorgt ja in allen Wirtschaftsbereichen für hohe Profite. Angst wird zu Dauerstress, Dauerstress lässt die Geburt stocken, die Störung der Geburt führt zur Schwächung der körperlichen und geistigen Kraft! Wie verhindere ich also Angst?

Durch ausreichende Informationen, ein gutes Körpergefühl, eine entspannte, liebevolle, kuschelige Atmosphäre und Vertrauen auf die eigene Intuition. Dieses ist ja eher zuhause oder im Geburtshaus gegeben. Wie soll eine Frau sich entspannen können, wenn sie verkabelt auf dem Rücken liegen muss und sich kaum aus eigener Kraft in ihre individuelle Gebärposition drehen kann. Wenn Arzt und Hebamme oder der Partner und der Arzt im Kreißsaal diskutieren, weil das theoretische Wissen des Arztes mehr zählt als die Erfahrung der zweifachen Mutter, kann diese sich dann entspannen?

Es kommt immer wieder vor, dass eine werdende Mutter im Flur „abgestellt" wird, da der Kreißsaal gerade besetzt ist, und dort dann ohne Begleitung ihr Kind bekommt. Andere Frauen werden wieder nach Hause geschickt, da die Wehen noch nicht „stark" genug sind und gebären dann im Auto auf dem Weg nach Hause.

Ich habe keine Lust mehr, zu erwähnen, dass eine Geburt schmerzfrei, angstfrei und lustvoll sein könnte, Mutter und Kind sich mit einem Orgasmus voneinander lösen könnten und der neue Erdenmensch seine Reise mit Freude, Liebe und Kraft angehen könnte. Dies ist sogar unser Recht als menschliches Wesen und kein Privileg für die wenigen Mütter, die sich ihre Würde nicht nehmen lassen.

Es hat mich zermürbt, immer wieder auf dieselben Argumente zu stoßen, ich will das nicht mehr hören! Es sind Aussagen wie diese: „Früher sind viele Kinder und Mütter bei der Geburt gestorben (mit „Früher" ist die Zeit der Hexenverbrennung gemeint, als die Verstümmelung der weiblichen Kraft bereits ihre Hochkonjunkturen feierte)"; „Kinder werden heutzutage mit größerem Kopf geboren (Haha, meine beiden ältesten Töchter, ca. 1,60m klein und zierlich gebaut, gebären 4kg Babies mit großem Kopf und 55cm Körperlänge – ohne Interventionen, aber mit viel Vertrauen und Körpergefühl)"; „das Becken ist zu klein" oder „mein Kind lag in Steißlage, da muss doch ein Kaiserschnitt gemacht werden"- nein, ganz sicher nicht; „was alles passieren kann! (Ja, beim Autofahren, unter der Dusche oder beim Sex kann man sich auch verletzen)" usw. Das Risiko, bei einer Geburt zu sterben ist nicht größer als bei anderen Erlebnissen, es wird nur groß gemacht! Und die Frage ist, warum? Welches Interesse steckt dahinter, uns Menschen, besonders jungen Frauen, das Wissen um die Geburt vorzuenthalten? Warum wurden die weisen Frauen, die sog. „Hexen" verbrannt? Warum hat man uns die Würde genommen und unternimmt alles, um uns zu verblöden? Und wer ist da im Hintergrund und wer sind die Handlanger und warum?

Ich versuche, in einem späteren Kapitel hierfür die Antworten zu finden und zu erläutern. Es hat mit der

Unterdrückung der weiblichen Schöpfermacht zu tun. Vielleicht ist das alles auch nur ein Spiel, in dem wir stecken, um uns zu erinnern, um in der Tiefe der Dunkelheit das Licht zu erkennen, um Schmerz und Angst zu überwinden und Liebe und Kraft zu erfahren. Dann, und nur so, kann auch Frieden entstehen.

Aber wir sind bereits auf dem Weg dahin, auch wenn der Anteil an natürlichen Geburten noch verschwindend gering ist, da es einfach an Aufklärung fehlt.

Man kann auch so argumentieren, im Krankenhaus stehen die Sollwerte und die Wirtschaftlichkeit im Vordergrund, bei einer Hausgeburt und vielen Geburtshäusern steht der kleine Mensch, die Mutter und der Vater des Kindes im Vordergrund. Dies sind allerdings auch nur Pauschalitäten, schließlich kommt es immer auf den einzelnen Menschen an. Also die liebevolle, erfahrene, mütterliche Hebamme im Krankenhaus wird dafür sorgen, dass die Gebärende sich wohlfühlt und möglichst natürlich ihr Kind zur Welt bringt. Und andererseits gibt es auch Hausgeburtshebammen, die mit ihrem ständigen Untersuchungswahn nur Unruhe und Unwohlsein in den Geburtsablauf bringen. Und es gibt vieles dazwischen, z.B. auch Frauen, die während der Geburt auf Schmerzlinderung bestehen, die beunruhigt sind, weil ein statistischer Wert nicht stimmt o.ä.

Alle Sollwerte sind Durchschnittswerte, die sich im Laufe der Zeit immer verändern. Ein Kind kann auch 14 Tage nach dem errechneten Geburtstermin gesund zur Welt kommen, der Muttermund kann sich auch innerhalb von 30 Minuten weiten. Die Wehentätigkeit kann durchaus vorübergehend nachlassen, weil Mutter und Kind gerade Ruhe brauchen. Die Fruchtblase platzt manchmal erst, kurz bevor der Kopf zu sehen ist und kleine Frauen können große Kinder gebären. Eine Steißgeburt war früher möglich und ist es auch heute noch und der Herzschlag muss nicht dauernd gemessen werden usw. Angst war schon immer ein schlechter Ratgeber und im Krankenhaus kann man der Angst kaum aus dem Wege gehen, da dort alles auf Notfall, Unfall, Krankheit und Störung ausgerichtet ist. Es heißt ja auch Kranken-Haus und nicht Gesundheits-Haus.

In einem Gesundheits-Haus würde ein Patient geheilt werden durch positives Denken, Fröhlichkeit, Liebe, gutes, gesundes Essen, gemütliche Zimmer, ausreichend Ruhe und Entspannung - davon sind wir leider weit entfernt.

Die Profitgier der Krankenhäuser auf Kosten der Menschen ist ja hinreichend bekannt. Ängstliche Menschen lassen sich besser beeinflussen, lassen mehr Untersuchungen und medizinische Maßnahmen über sich ergehen und stellen weniger Fragen. Zum Beispiel finde ich es erschreckend, dass so wenige Mütter wissen, wie viel Profit mit der Plazenta und der Nabelschnur erlangt wird. Letzteres ist auch der Grund, warum bei der Abnabelung nicht gewartet wird, bis diese aufhört zu pulsieren, d.h. bis kein Blut mehr von der Plazenta zum Kind fließt. Angeblich könnte das Baby zu viel Blut aufnehmen oder das Blut läuft aus dem Baby heraus, wenn es auf dem Bauch der Mutter liegt. So ein Unsinn! Es ist dem kapitalistischen System wichtig, dass die Nabelschnur noch frisch ist, denn dann kann man noch Stammzellen gewinnen. Angeblich für medizinische Zwecke, doch wer braucht so viele Stammzellen? Es ist längst bekannt, dass diese für Impfstoffe sowie zu „Forschungszwecken" in China eingesetzt werden, sprich der Generierung von Bio-Robotern. Lasst diesen letzten Satz bitte erst einmal sacken, bevor ihr weiterlest. Die Thematik „IMPFEN" in Verbindung mit „MIKROCHIPS", „MICROSOFT" und der WHO (world health organisation bzw. worst-hell-occupation) ist ja aktuell sehr brisant.

Durchatmen....

Doch das größte Handicap unserer heutigen Gesellschaft heißt: Empathie Defizit Syndrom (EDS).

Und das kann man den Betroffenen noch nicht einmal vorwerfen. Durch Personalmangel, Zeitdruck, schlechte Bezahlung usw. fällt es schwer auch noch empathisch zu sein. Empathie entsteht durch Bewusstsein und Bewusstsein entwickelt sich aus Achtsamkeit, Entschleunigung, Stille...

So wie die Geburt eines Menschen verlief, so verlaufen die vielen großen und kleinen Prozesse des Lebens. Ein Kaiserschnitt ist von der Seele des Kindes her selten geplant. Dieser Mensch wird also immer versuchen, den Geburts-prozess nachzuholen, indem er das Leben herausfordert und Grenzerfahrungen anstrebt. Begonnene Prozesse oder Projekte werden immer wieder abgebrochen, Projekte scheitern, es wird Hilfe von Außen benötigt oder man passt sich lieber an statt kreativ und selbstbestimmt durchs Leben zu gehen. Das Gleiche gilt für die Geburt per Zange oder Saugglocke.

Manchmal scheint es so, als hätte eine Seele sich eine schwere Geburt ausgesucht, um an diesem Prozess zu wachsen. Manche hochentwickelte Seelen brauchen diesen Geburtskampf auch gar nicht mehr und werden dann per Kaiserschnitt geboren, doch das ist eher selten der Fall. Sie sind selbst ohne karmische Belastung, nehmen das Leiden anderer Seelen auf sich und sind hier, um Liebe und Licht auszusenden.

Bei meiner eigenen Geburt musste ich ja dem Wasser hin-terher und war noch nicht wirklich bereit, geboren zu werden. In meinem Leben gab es immer wieder diese Situationen, in denen sich plötzlich alles veränderte, weil ich die Vorzeichen nicht erkannt hatte. Oft komme ich zu spät zu Terminen oder brauche länger oder fühle mich gestresst und gedrängelt. Aber ich wachse auch daran...

Viele Mütter, die ihr erstes Kind im Krankenhaus geboren haben, schwören sich „beim nächsten Kind wird alles anders"...

Im Geburtshaus oder zu Hause sieht die Atmosphäre in der Tat sehr viel anders aus.

Man kann in Ruhe die Geburt mit der Hebamme besprechen, Wünsche äußern und vor allem im Vorfeld eine persönliche Beziehung zur Hebamme aufbauen. Diese Hebamme wird auch ihre Gründe haben, warum sie nicht oder nicht mehr im Krankenhaus arbeiten möchte.

Das letzte Wort haben immer die Eltern, in vertrauter, intimer und freundlicher Umgebung ist auch der Umgangston wesentlich entspannter als im Krankenhaus. Ob die Lieblingsmusik läuft, Räucherstäbchen duften, Kerzen flackern, eine Wassergeburt geplant ist oder die Gebärende singen oder lachen oder nackt im Garten spazieren möchte - alles ist möglich, niemand guckt komisch oder kommentiert das Verhalten. So darf das Kind in Würde geboren werden!

Entscheidet man sich für eine Hausgeburt, fällt der Stress der Fahrt zum Geburtshaus weg. Da das nächste Geburtshaus in den meisten Fällen nicht in der Nähe sein wird, muss die Fahrtdauer entsprechend kalkuliert werden. Auch dort kann man natürlich, wenn man es möchte, „verkabelt" werden, man kann jedoch in den meisten Fällen CTG und geburtsbeschleunigende Maßnahmen ablehnen.

Die werdenden Eltern können sich somit viel besser aufeinander einstellen als im Krankenhaus. Die Mutter bildet mit dem Kind eine Symbiose, kann sich auf die Geburt konzentrieren und achtsam, aktiv und bewusst den gesamten Geburtsprozess erleben. Die Gebärende ist somit ganz bei sich, der Partner wird aktiv miteinbezogen, statt nur Zuschauer sein zu dürfen. Beide können ihrer Intuition vertrauen, ohne störende Gedanken denken zu müssen. Dann

„weiß" oder „fühlt" die werdende Mutter, wie sie atmen, sich bewegen oder die Körperhaltung verändern muss, um dem Kind den Weg zu erleichtern. Auch die Phasen der Entspannung sowie der Beginn der Presswehen wird ihr durch ihre Intuition eingegeben. Mit anderen Worten: die linke Gehirnhälfte hat bei der Geburt gar nichts zu melden, die rechte Gehirnhälfte kann voll aktiv sein.

Und es geht ja über die beiden Gehirnhälften hinaus, auch der Partner, die Hebamme und die Geschwister befinden sich während des Prozesses in einem erhöhten Bewusstseinszustand. Man ist da mehr oder weniger „allwissend". Es lohnt also, sich mit Meditation auf die Geburt vorzubereiten.

Der Partner ist während der Geburt der geistige Beschützer seiner Partnerin. Er schafft also den energetischen Rahmen, sodass die Gebärende sich ganz in Vertrauen hingeben kann. Er gibt ihr, was sie gerade braucht, Wärme, Erfrischung, gehalten werden, Rückenmassage, beruhigende Worte (eine vertraute testosteronlastige Stimme kann Wunder wirken) sowie Kraft, indem er die Atmung begleitet. Er kann seine Partnerin zur Toilette begleiten, wenn sie dieses wünscht, ihr Mut zusprechen, wenn sie aufgeben möchte und gelassen bleiben, wenn sie emotional wird, ihn beschimpft, herumkommandiert oder handgreiflich wird. In dieser Situation wird er ihr nichts übel nehmen.

Geschwister? Ja, auch die Geschwister tragen zu einer vertrauten Atmosphäre bei. Auch wenn sie nicht im Zimmer sind, vielleicht schaut mal eines durch die Tür – sie bekommen den Geburtsprozess ja mit und unterstützen diesen unbewusst auf ihre ganz individuelle Art und Weise. Vielleicht ist ein Geschwisterkind im Spiel vertieft oder schläft ein oder rennt laut singend durch die Wohnung oder es ist ohnehin nachts und die Geschwister befinden sich im Tiefschlaf – ganz entgegen ihrer Gewohnheiten!

Eine erfahrene Hebamme spürt, ob etwas nicht in Ordnung ist oder die Gebärende z.B. momentan über-emotional auf die Schmerzen reagiert. Fast alle Hausgeburtshebammen verfügen über ein umfangreiches Naturheilkundewissen.

Und wenn wirklich etwas „schief" läuft?

Ein Geburtshaus ist ja mit allen medizinischen Geräten und Hilfsmitteln ausgestattet.

Zu Hause gibt es kaum Zwischenfälle... und wenn doch, dann berichten die Frauen fast alle, dass es ihnen an dem nötigen Vertrauen gefehlt hatte.

Von einigen Müttern habe ich erfahren, sie haben sich so intensiv auf die Geburt vorbereitet, alles getan, was in den Ratgebern steht, sich nie in der Schwangerschaft aufgeregt, viel gelacht usw.- und dann lief doch alles schief. Ich kann und will es nicht beurteilen, ob es an mangelnder Authentizität, an Karma oder Programmierungen der Vorfahren lag, es kommt eben vor.

Meine Kinder wären im Krankenhaus mit Sicherheit nicht ohne Interventionen ausgekommen.

Ich versuche einmal, mir dies vorzustellen:

Beim ersten Kind hätte man mir Schmerzmittel angeboten, die ich in der Situation auch angenommen hätte, da ich nicht in der Lage gewesen wäre, vernünftig zu entscheiden.

Daraufhin wäre die Geburt ins Stocken geraten, die Fruchtblase wäre dann künstlich geöffnet worden, um den Geburtsprozess wieder in Gang zu bringen.

Beim zweiten Kind wäre ich einmal nach Hause geschickt worden, da es ca. eine Woche vor der Geburt einen „Fehlalarm" gab. Ich wäre dann vorsichtiger gewesen; hinsichtlich der raschen Geburt wäre mein Sohn im Auto oder auf dem Krankenhausflur zur Welt gekommen oder ich hätte mich verkrampft und die Geburt wäre ins Stocken geraten

Beim dritten Kind hätte man im Krankenhaus einen Kaiserschnitt durchgeführt, das hatte mir ja die Hebamme im Nachhinein erklärt: zu großer Kopf, zu schwache Herztöne usw. Im Krankenhaus hätte ich mich zudem gar nicht auf meinen Körper, auf die Atmung und die Gedanken konzentrieren können.

Beim vierten Kind gab es ja auch einen „Fehlalarm", wobei der Muttermund schon halb geöffnet war. Ich wurde von einer erfahrenen, gelassenen Hebamme betreut. Hätte ich auf meine Gynäkologin gehört, hätte ich nach dem Geburtstermin sofort ins Krankenhaus fahren müssen, wo man die Geburt eingeleitet hätte. Oder dieses Kind wäre auf der Fahrt ins Krankenhaus geboren.

Bei der fünften Geburt war ich ja sehr emotional und erschöpft, warum auch immer. Im Krankenhaus hätte ich mich mit jedem angelegt, der oder die mir zu nahe gekommen wäre. Vielleicht hätte ich eine Beruhigungsspritze bekommen. Mit Sicherheit hätte man die Fruchtblase aufgestochen, um die Geburt zu beschleunigen. Die Ruhepause, die ich noch als sehr schön und genussvoll in Erinnerung habe, sorgte bei mir und dem Kind dann für die nötige Energie, um den Rest der Reise ohne Hindernisse beschreiten zu können. Im Krankenhaus wäre niemand auf die Idee gekommen, einen Schutzkreis aus Menschen zu legen.

Beim sechsten Kind, dessen Geburt für mich der krönende Abschluss der Familienplanung darstellen sollte, hätte man mir im Krankenhaus vielleicht alles vermasselt. Das Fruchtwasser war grün!! Alarmstufe rot! So wusste niemand davon und der kleine Merlin konnte in Ruhe geboren werden, so wie es sein sollte.

Ein weiterer Grund dafür, warum viele Frauen lieber im Krankenhaus gebären, ist, es gibt kaum noch Hausgeburtshebammen. Es lohnt sich finanziell nicht, die Haftpflichtversicherung wurde künstlich in die Höhe getrieben und der Beruf an sich scheint dadurch nicht mehr so beliebt zu sein.

Geburtshäuser sprießen auch nicht gerade aus dem Boden, man muss schon etwas suchen und sich ein wenig mehr Mühe geben als das nächstbeste Krankenhaus zu wählen. Aber die rechtzeitige Suche nach einer Hebamme, die dann ja eine Zeitlang die beste Freundin sein kann, lohnt sich auf jeden Fall. Es geht schließlich um einen neuen Erdenbürger, um die eigene Schöpfung und da kann man doch mal ein wenig mehr Zeit investieren als es sonst bei Projekten üblich ist.

Übrigens rationalisieren immer mehr Krankenhäuser ihre Kreißsäle weg, steckt da vielleicht die Absicht hinter, der angeblichen Überbevölkerung auch auf diesem Wege entgegen zu wirken? Ich habe da einen komischen Verdacht, zuerst gab es in den 80igern die Aids-Lüge und die Kondom-Industrie verdient seitdem gut. Seit der gleichen Zeit lohnt es sich finanziell nicht mehr, Kinder zu bekommen, da beide Eltern Geld verdienen müssen, um überhaupt wirtschaften zu können. Für einige Jahrzehnte strebten Frauen eher eine Karriere an als eine Familie zu gründen. Inzwischen wird es immer schwieriger ein Kind auf natürliche Art und Weise zu gebären.

Und eine Alleingeburt ohne Hebamme? Das ist in Deutschland und in vielen anderen Ländern verboten! Man kann sich um eine Hebamme kümmern, die nach der Geburt ihre Unterschrift tätigt und sich offiziell eine Doula bestellen. Eine Doula ist ausgebildet als Geburtsbegleiterin und bekommt daher von der Mutter Geld für ihre Anwesenheit. Dadurch ist die Alleingeburt dann legitim. Es ist also etwas anderes, als wenn eine Freundin, Schwester oder der Partner anwesend sind. Über Doulas kann man sich im Internet informieren, z.b. www.doula-info.de

Oder ihr informiert Euch bei der von mir geschätzten, weil Selbst-bewussten Sarah Schmid www.geburt-in-eigenregie.de

Oder frau geht einen völlig anderen Weg. Wer es ohnehin nicht mehr länger mag, Personal der BRD zu sein, kann eine völlig neue Richtung einschlagen, bei der es allerdings kein Zurück gibt. Dann würde ein Kind per Alleingeburt zur Welt kommen und nie einen Ausweis bekommen, auch keine Geburtsurkunde. Diesen Menschen würde es rechtlich gar nicht geben, was Vor- und Nachteile hätte. Doch wer soweit ist, ein Kind alleine, vielleicht am Meer oder im Wald zu gebären, braucht im nächsten Schritt auch keine Hierarchie, keine Politiker, keine wirtschaftlich ausgerichteten Gesetze sowie keinen „Vater Staat" über sich. Dieser Schritt wäre gewagt, ist aber durchaus schon gegangen worden und es werden mehr Frauen, die sich für diesen Weg entscheiden. Konsequent aus aller Scheinsicherheit, aus der Komfortzone, aus der Plastikgesellschaft, aus den alten Gedankenprogrammen und Dogmen heraus. Und abseits des Bestrebens, Seelen daran zu hindern, in diese Welt zu kommen.

Den Eltern meines jüngsten Enkels wurde erklärt, dass die Behörde über die Stattgebung eines neuen, unüblichen Vornamen entscheidet, da der Name eines Neugeborenen vom Standesamt verliehen wird und die Eltern diesbezüglich keine Rechte haben. Also ist es schon richtig, was die Reichsbürger behaupten, wir sind nur Personal mit einem Personal-Ausweis unter dem Namen, der dort steht. Das bedeutet im Umkehrschluss, als Mensch bin ich kein Personal, keinem staatlichen Gesetz verpflichtet und kann mir jeden Tag einen neuen Namen geben, wenn ich möchte!

Und ebenso kann dann ein Mensch auch im Wald geboren werden, ohne Geburtsurkunde und Namen, ohne Personalausweis, ohne Schulpflicht und Arbeitspflicht, ohne Steuer- und Krankenversicherungspflicht. Dieser Mensch ist dann keine rechtliche Person, existiert vor dem Gesetz nicht, ist dafür aber 100% Mensch.

Doch dazu gehört Mut und eine starke innere Überzeugung, diesen Weg kann man gehen, aber es gibt kein Zurück!

Das wichtigste für Dich als werdende Mutter ist, dass Du intuitiv und authentisch deine Entscheidung triffst, wo und wie Dein Kind zur Welt kommen möchte, wie viele Voruntersuchungen du euch beiden antun willst und wie viel Selbstverantwortung Du tragen kannst. Es kann daher hilfreich sein, sich gut zu informieren und auf die Geburt vorbereitet zu sein.

GEBURT BEI DEN ABORIGINES
Wie das Geistkind in diese Welt gelangt

Diese eindrucksvolle Beschreibung einer natürlichen traditionellen Geburt eines Naturvolkes habe ich dem Buch „Am Anfang war der Traum" von Robert Lawlor entnommen.

Die Geburt und der Geist des Ungeborenen

In der ersten Morgendämmerung, die die mit Spinifex bewachsene Wüste in ein sanftes Rosa taucht, verlassen zwei Frauen, die eine hochbetagt, aber noch kräftig und mit vollen Brüsten, die andere jung, hochschwanger und in den ersten Wehen, das noch schlafende Lager. Sie lassen sich an einem geschützten Ort in der Nähe einer mit Wasser gefüllten Felsmulde nieder.

Helles pfirsichfarbenes Licht breitet sich über den Rand der nächtlich-dunklen, roten Wüste aus, während die ältere Frau eine leichte Vertiefung in die Erde gräbt und aus Spinifex-Gräsern ein kleines Feuer entfacht, in das sie getrocknete Kräuter aus einem Umhängebeutel streut. Sie weist die junge Frau an, einige Minuten über dem qualmenden Gras zu stehen, so dass der duftende Rauch ihren nackten Körper einhüllt.

Dann führt sie sie zu einer einsamen Akazie, dort hockt sich die junge Frau nieder und die Ältere beginnt ihr den Rücken mit kräftigen, kreisenden Bewegungen zu massieren. Dann drückt die Gebärende ihren Rücken fest gegen den Baumstamm, um Halt zu gewinnen, während sie schon presst und dem Baby hilft, sich aus dem Mutterleib zu winden. Der Baum überträgt einen Energiestrom auf das Rückgrat der Mutter – die Erde schenkt gebärende Kraft. Mit starken, wettergegerbten Händen scharrt die alte Frau zwischen den Beinen der Gebärenden eine Vertiefung in die Erde, die als irdene Auffangschale für das Neugeborene dienen wird.

Sobald das Kind zu sehen ist, muss die Großmutter eine wichtige Entscheidung treffen. Ist das Baby zu früh geboren, schwach oder schwer missgebildet oder war die Mutter selbst während der Schwangerschaft krank oder geschwächt, kann die alte Frau beschließen, das Neugeborene mit Sand zuzudecken und es an eben dieser Stelle, wo es geboren wurde, zu begraben.

(Für die Aborigines steht immer das Wohlergehen des gesamten Volkes an erster Stelle und der Geist, der einen neugeborenen, aber geschwächten oder missgebildeten Körper bewohnt, wird sich in Kürze einen neuen Körper zulegen. Anm. d. A.)

Das Kind, welches an diesem glitzernd kalten Morgen in der Wüste geboren wird, ist gesund und voller Leben. Rasch beißt die alte Frau die Nabelschnur durch; mit der einen Hand hebt sie den neugeborenen Knaben aus seiner irdenen Wiege und vergräbt mit der anderen die Plazenta in der Höhlung. Somit ist dieser Fleck Erde der Geburtsort des Kindes und er wird sein Wesen und seine rituellen Pflichten gegenüber dem umgebenden Land zeit seines Lebens prägen.

Die alte Frau hält das Kind kurz mit dem Kopf nach unten über den Spinifex-Rauch. Dann reibt sie seinen Körper mit Asche und Sand ein und trennt mit einem Stein ein Stück Nabelschnur, das sie zu einem Band dreht und dem Neugeborenen um den Hals bindet. Sinnbild für die geistige Verbindung, die es dem Kind ermöglichen wird, die Sprache des heiligen Wissens zu lernen, die wie eine Spirale bis zu den großen Ahnen und zum Anbeginn der Zeit zurückreicht. Bevor die alte Frau das Kind der Mutter übergibt, geht sie mit ihm außer Sichtweite, hält es nahe an ihr Gesicht und haucht ihm seine heiligen Totemnamen in die Nase. Sie bilden die Grundlage für sein Wissen um Pflanzen, Tiere und Erde und für seine Verpflichtungen und seine Achtung ihnen gegenüber. Dann hüllt sie das Kind in die Rinde des

Papierrindenbaumes und legt es in einen Parraja, einer länglichen Holzschale, neben seine Mutter."

Ich ende an dieser Stelle mal mit dem Zitat; im Buch wird dann noch auf verschiedene symbolische Bedeutungen eingegangen. Doch gibt es schon in diesem Abschnitt der Geburtsbeschreibung soviel Befremdliches für den „zivilisierten" Menschen, dass mehr Information zu viel sein kann.

Interessant ist noch der Hinweis, dass Aborigines mit weißer Haut geboren werden und durch Auftragen von Asche, Sand sowie der Sonneneinwirkung bald nach der Geburt dunkelbraun sind. Dem liegt der Glaube zugrunde, dass ein schwarzer Körper eine helle, gefühlvolle Seele beherbergt, während ein weißer Körper von einer dunklen gefühlsarmen Seele bewohnt wird. Meist kehrt die Mutter mit ihrem Kind auch erst zum Stamm zurück, wenn dessen Haut dunkel geworden ist. Manchmal macht sie sich schon nach einer Stunde wieder auf den Weg ins Lager, doch niemand darf das Kind sehen, solange die Haut hell ist.

Dies erinnert etwas an den Indianermythos vom Condor und Adler. Indianer und Aborigines wussten immer, dass der globale Norden sich mit dem globalen Süden verbinden muss, um eine Weltkultur, eine Friedenskultur zu schaffen. Sie haben einst viel Hoffnung und Vertrauen auf die weißen Männer gesetzt und ihnen friedliche Offenheit entgegen gebracht – und wurden dafür fast ausgerottet. Die Aborigines antworteten auf die Frage, warum sie sich nicht mit ihren geistigen Kräften gegen die Weißen wehren:" Dann wären wir keine Aborigines." Ihre einzige „Waffe" war die Liebe. Und als die Liebe von dieser Welt fast verschwunden war, waren die Outback-Aborigines auch verschwunden, indem sie einfach keine Kinder mehr gezeugt hatten. Übrig geblieben sind die „zivilisierten" Aborigines, die immerhin ein Stück Kultur, Heilwissen und Mythen in diese Zeit gerettet haben.

Die traditionellen Aborigines führten eine gezielte Familienplanung, d.h. wenn eine Frau nicht bereit war, Mutter zu werden oder der Stamm schon groß genug war, um gerade noch ernährt werden zu können, gab es eine Vielzahl von Verhütungsmethoden und Kräutern, mit denen sie eine ungewollte Schwangerschaft abbrechen konnten. Wie die alten Ägypter und die Tibeter wussten sie, dass die Seele erst mit den ersten Kindesbewegungen im Fötus anlangt. Natürlich wurde so ein Abbruch von heiligen Ritualen begleitet, damit die Seelen des Ungeborenen und der Mutter keinen Schaden erlitten.

Der Vater des Kindes darf übrigens nicht während der Geburt und der Zeit danach anwesend sein. Dies unterstreicht, dass bei den Aborigines das Gebären reine Frauenangelegenheit war. Es zeigt auch die tiefe Achtung der Männer vor der Kraft des allumfassend Weiblichen. Dies zeigt sich nicht nur bei den Aborigines in allen Aspekten der weiblich-mütterlichen Schöpfungskraft. Der Vater kümmert sich um die Ernährung, bis die Mutter sich wieder kräftig genug fühlt, am normalen Stammesleben teilzunehmen. Bei den meisten indigenen Völkern ist dies der Fall, aber nicht bei allen. Ich habe irgendwann etwas über Indianerstämme im Amazonas gelesen, in deren Tradition die werdenden Eltern sich für einige Tage in den Wald zurückziehen, um dann fröhlich und in bester Gesundheit mit einem Baby zurückzukommen.

Vielleicht ist bei den Aborigines die Hochsensibilität zu stark ausgeprägt oder die strikte Rollenverteilung von Mann und Frau hat ihre Ursachen aus früheren Zeiten, die seit 100.000 Jahren nie verändert werden durften. Wer weiß? Ich persönlich finde es gut und richtig, dass heutzutage der Vater des Kindes die Geburt begleitet.

Die Aufgabe des Aborigines-Mannes ist die Zeugung. Das Geistkind, wie es dort heißt, meldet sich beim potenziellen Vater an. Dies geschieht entweder im Traum oder direkt in dieser Welt an bestimmten Umgebungsplätzen, ein Baum, ein Fels, ein Wasserloch etc. Die Energie dieses Ortes bringt das Geistkind hervor. Wenn der Mann mit diesem eine geistige Verbindung eingeht, sagt er zu seiner Partnerin :"Ich lege einen Menschen in Dich hinein." Sie bestimmt dann letztendlich, ob sie für eine Schwangerschaft bereit ist. Die Geschichte der Verschmelzung von Ei-und Samenzelle glauben die Aborigines nicht. Für sie kommt zuerst das Geistkind, welches der Mann in die Frau legt und welches in der Frau dann materiell wird.

Interessant und durchaus nachahmenswert an dieser Geburtsbeschreibung ist die Naturverbundenheit. Der Baumstamm stärkt den Rücken, die Erde gibt Kraft, die Frau bleibt während der Geburt in der Hocke, damit sich das Baby leichter herauswinden kann.
Der Rauch des Feuers steht mit dem Geist des Kindes in Verbindung, die Nachgeburt bleibt an dem Ort, an dem das Kind geboren wurde und das Wasser dient nicht nur der körperlichen Reinigung.
Nachdenklich stimmt mich persönlich die Verbindung zu den Ahnen durch die Nabelschnur. Das Einreihen in die Ahnenkette ist unserer Gesellschaft ja völlig abhanden gekommen. So fehlt einem Neugeborenen bei uns von Geburt an die Energie, die sich wahrscheinlich durch das Wurzelchakra von Generation zu Generation weiterzieht. Ist dies vielleicht die Ursache für die vielen Erbkrankheiten, Gendefekte, Immunkrankheiten usw.?

Die Kinder der Aborigines genossen sehr viel Aufmerksamkeit, und lernten von Geburt an alle sozialen Fähigkeiten. Mitgefühl und Gemeinschaftssinn waren das Wichtigste, was in dieser alten Kultur an die nächste Generation vermittelt wurde. Sie wurden nicht nur von der biologischen Mutter gestillt, sondern von jeder Frau des Stammes, die gerade anwesend war. Drei bis Fünf Jahre Stillzeit waren normal und auch ältere Frauen produzierten noch eine milchige Flüssigkeit in ihren Brüsten. Die Kinder wuchsen somit in Fülle, Geborgenheit und mit vielen sozialen Kontakten auf.

Sobald ein Kind laufen konnte, durfte es sich frei bewegen und lernte alles, was zum Leben im Outback dazu gehörte, von den Clanmitgliedern. Wie alle Kinder, die frei lernen, lernten auch sie durch Nachahmung und Fragen stellen.

KINDESWOHLGEFÄHRDUNG
„Keinem Kind darf ein Leid geschehen" (Hopi)

In unserer heutigen Zeit gibt es viele Ursachen der Kindeswohlgefährdung, leider, denn wir leben in einer Zeit der Wiederholungen von Generation zu Generation.

In den allermeisten Fällen geben die Eltern ihre eigenen Gewalterfahrungen, ihre psychischen Probleme oder ihre unnatürliche, von Angst geprägte Lebensweise unbewusst an die Kinder weiter.

Doch durch eine natürliche, bewusste Geburt, eine positiv gestaltete Schwangerschaft und einer geistigen Diszipliniertheit lassen sich viele Faktoren ausschließen.

Ich möchte mich hier nicht auf Gewalterlebnisse während der Kindheit beziehen. Diese sind nicht mehr reparabel. Ich beziehe mich hier auf den Abschnitt Zeugung-Geburt-Wochenbett, weil die Prägungen aus dieser Zeit oft unerkannt bleiben.

Aus unterschiedlichen Systemen haben sich inzwischen viele Therapiemöglichkeiten herausgebildet, die genau die Phasen aus der Dunkelheit heben, die uns Menschen in unserer Gesamtentwicklung am stärksten beeinflussen. Es sind die pränatale Phase und die des Geburtsprozesses selbst. Während der Schwangerschaft, wenn der Körper sich nach dem genetischen Plan entwickelt und die Seele sich mehr und mehr mit dem Körper verbindet, übernehmen wir die Emotionen und Gedanken der Mutter. In abgeschwächter Form prägen uns schon im Mutterleib die sozialen Kontakte der Mutter. Während der Geburt nimmt der kleine Mensch noch viel sensibler alle Schwingungen der Umwelt wahr.

Noch besser als zu therapieren wäre es doch für die gesamte Gesellschaft, wenn diese Traumata, welche das Kindeswohl gefährden und die gesamte Entwicklung eines Kindes zum Stillstand bringen können, gar nicht erst auftauchen, indem ein Baby eine natürliche Geburt erleben darf.

Ich zähle hier einige der häufigsten Ursachen, welche die Psyche und die körperliche Entwicklung des Menschen belasten können, auf.

In der Schwangerschaft:
- unerwünschte Schwangerschaft
- geplanter, aber nicht vollzogener Schwangerschaftsabbruch
- Risiko- Schwangerschaft; wird meist vom Arzt/Ärztin suggeriert
- sehr frühe Schwangerschaft
- Beziehungskrise oder Trennung während der Schwangerschaft

Während der Geburt:
- Frühgeburt
- Stockung der Geburt, Steckenbleiben
- Trennung von der Mutter im Krankenhaus direkt nach der Geburt, jahrzehntelang „normal"
- Falsche Erwartungen hinsichtlich des Geschlechts
- körperliche Behinderungen oder Fehlbildungen

Im Wochenbett:
- Schrei-, Ess-, Schlafstörungen (meist Folge einer gestressten Geburt)
- Beziehungskonflikte oder Trennung der Eltern direkt nach der Geburt
- gestörter Bindungsaufbau (Mutter findet nicht in ihre neue Rolle; meist durch Kh-Erlebnis)

Vielen dieser Faktoren kann man durchaus

entgegenwirken oder diese zumindest abmildern durch eine positive, vertrauensvolle geistige Ausrichtung, eine entspannte, liebevolle Umgebung, sowie sozialen Kontakten, die Mutter und Kind guttun. Von eher destruktiven Verpflichtungen und Menschen kann die Mutter sich in dieser wichtigen Zeit zurückziehen, von Menschen, die ihr dies übel nehmen, auch.

DIE HORMONE

„Ich hatte alle Drogen ausprobiert, es war nicht das Richtige für mich dabei, dann bekam ich ein Kind – da wusste ich, es war dieser Hormoncocktail, wonach ich gesucht hatte." (unbekannt)

Zum besseren Verständnis erkläre ich nun die Zusammensetzung der Hormone. Bei einer natürlichen Geburt, bei der von Außen keine Einmischung stattfindet, stimmen sich die Hormone ganz natürlich aufeinander ein, und zwar auch zwischen Mutter und Kind.

Jede Intervention bringt das hochsensible Zusammenspiel der endokrinen Drüsen durcheinander.

Östrogene

Ohne Östrogen ist bekanntlich keine Schwangerschaft möglich, sie bereiten die Gebärmutter auf eine etwaige Schwangerschaft vor, nach der Zeugung steigt die Konzentration an. Östrogene werden hauptsächlich in den Eierstöcken, ab Eintritt der Schwangerschaft in der Plazenta gebildet. Östrogene bereiten auch die Milchproduktion vor und sorgen für die Vergrößerung der Milchdrüsen und damit der Brüste.

Progesteron

Meist wird das Progesteron in den Eierstöcken gebildet, bei einer erfolgten Befruchtung einer Eizelle übernimmt ab dem 4. Monat die Plazenta diese Aufgabe. Außerdem sorgt dieses Hormon für die Milchbildung.

Bei Ausbleiben einer Schwangerschaft wird kein Progesteron mehr gebildet, wenn die Eizelle abstirbt und die Regelblutung wird ausgelöst. Im Falle einer Schwangerschaft bereitet das Progesteron die Gebärmutterschleimhaut für die Einnistung der Eizelle vor.

HCG (Humanes Choriongonadotropin)

erleichtert zusammen mit dem Progesteron die Einnistung der befruchteten Eizelle in der Gebärmutter und ist Verursacher der Übelkeit. Auch eine vorübergehende Schilddrüsenüberfunktion ist darauf zurückzuführen.

Beim Schwangerschaftstest wird übrigens der HCG- Wert gemessen, da es in der Plazenta gebildet, in den Blutkreislauf abgegeben und über das Urin ausgeschieden wird.

Relaxin

Das Relaxin sorgt für die Geschmeidigkeit der Becken-bänder, bereitet also in der Schwangerschaft die Beweglich-keit des Beckens vor.

Prostaglandine

Dieses Hormon befindet sich hauptsächlich in der Samen-flüssigkeit des Mannes, aber auch im Gebärmuttermund. Beim ungeschützten Geschlechtsverkehr reagiert praktisch der Gebärmuttermund auf das Prostaglandin in der Samen-flüssigkeit, was zum intensiveren Orgasmus führt, da der Gebärmuttermund sich öffnet. Gleiches geschieht kurz vor der Geburt, wenn die Gebärmutter und das Kind bereit sind. Die Prostaglandine des Mannes sorgen für den Prostaglandin-ausstoß bei der Frau. Daher die Hebammenweisheit:

„So, wie das Kind entsteht, so bringen es die Eltern auf den Weg."

Zur Geburtseinleitung werden auch Prostaglandin-zäpfchen in den Muttermund gelegt.

Mir persönlich gefiel die natürliche Variante besser.

Oxytocin

Das Kind drückt auf den Muttermund, so werden die Geburtswehen ausgelöst, anders als die Senk-, Vor- oder Übungswehen. Normalerweise wird das Oxytocin rhythmisch ausgelöst, daher die typischen Wehenabstände. Auch durch die Stimulation der Brustwarzen wird die Oxytocin Bildung angeregt.

Das Oxytocin wird auch „Bindungshormon" genannt und sorgt hier für das Zusammenspiel von Mutter und Kind. Beim Geschlechtsverkehr wird dieses Hormon meistens (normaler-weise, wenn keine Blockaden auf diesem Gebiet bestehen) in hohen Dosen ausgeschüttet, was dann zu der bekanntlich starken chemischen Verbindung zwischen zwei Menschen führt. Doch auch bei allen empathischen Prozessen wie längeren Umarmungen, Massagen, Heilsessions, intensiveren Gruppenprozessen, bei schamanischen oder tantrischen Ritualen oder gemeinsamen Musizieren sowie auch im Mannschaftssport wird Oxytocin ausgeschüttet. Es sorgt somit für psychosoziale Prozesse in Richtung Liebe, Vertrauen, Akzeptanz, Wir-Gefühl, positive Resonanz und Empathie.

Da das Oxytocin immer mehr oder weniger ein Zusam-menziehen der Gebärmutter beeinflusst, kann das Leben in einer vertrauten, liebevollen Gemeinschaft auch den weit verbreiteten Gebärmutterhalskrebs verhindern.

Katecholamine, Stresshormone, Adrenalin

Adrenalin wird durch den Wehenschmerz ausgelöst. Rhythmisch wechselt es sich mit dem Oxytocin und Endor-phin ab.

Normalerweise schüttet die Gebärmutter durch bestimmte Hormone und die Gewichtsverlagerung des Kindes Oxytocin aus. Durch den Wehenschmerz wird Adrenalin ausgeschüttet, dies führt zur höheren Oxytocin- und Endorphin-Ausschüttung. Dadurch wird der Schmerz gedämmt und Glücksgefühle überlagern Schmerz und Stress. Bei der natürlichen Geburt findet also ein rhythmischer Wechsel von Anspannung und Entspannung statt.

Die Schmerzen und Stresshormone sind für den Körper wichtig, da somit die Botschaft im Gehirn ankommt, dass der Geburtsprozess begonnen hat. Die Hypophyse setzt dann Endorphine frei. So wird die Wehe eher als entspannend empfunden, verbunden mit einem Glücksgefühl (es geht voran), während die Stressmomente eher mit Emotionen und Ängsten ausgefüllt sind (z.B. ich habe keine Lust mehr, ich will hier weg, alles nur Deine Schuld, warum wollte ich bloß ein Kind, ich schaff das nicht usw.)

Endorphine

Diese Glückshormone und Schmerzdämpfer werden auch das körpereigene Opium genannt. Endorphine setzt das Gehirn normalerweise in allen Stresssituationen, auch positiven Stress frei. Dazu zählen alle Zustände, in denen das rationale Denken aufhört, alle Formen der Ekstase wie Tanzen, Sport, Rhythmusinstrumente, Meditation, Orgasmen, schamanische Rituale, Schock, starke Schmerzen (außer Zahnschmerzen, leider) hohes Fieber und Nahtoderfahrungen.

Endorphine regulieren die Körpertemperatur, sorgen für Glücksgefühle und machen high. Das Schmerzempfinden wird gedämpft, man gerät in Trance und kann über Grenzen gehen.

Das Kind bekommt die Endorphine über die Nabelschnur. Nach der Geburt hört der Schmerzreiz auf und Mutter und Kind sind voller Glückshormone, hellwach, euphorisch, ekstatisch und verlieben sich für immer! Daher macht es einfach mehr Sinn die Nabelschnur so spät wie möglich durchzutrennen. Ich habe mir gerne 20-40 Minuten Zeit gelassen. Ich glaube auch, dass jede Mutter es spürt, wann der richtige Zeitraum für die Abnabelung ist. Wahrscheinlich kommt auch dieser Impuls von der Seele des Neugeborenen.

Prolaktin

Nach der Geburt liegen Mutter und Kind normalerweise im Bonding, sehen sich in die Augen, denn jedes Neugeborene hat zumindest kurzzeitig die Augen geöffnet. Hoffentlich sieht es dann auch in die Augen der Mutter und nicht in grelles Licht...

Durch den Augen- und Hautkontakt wird das Prolaktin ausgeschüttet, was wiederum die Milchproduktion anregt. Das Kind möchte an die Brust, was es durch Unruhe, suchen und saugen ausdrückt. Der erste Saugreflex hat also weniger mit Hunger als viel mehr mit inniger Liebe zu tun.

Durch das Stillen wird wieder die Oxytocin Produktion angeregt, was nebenbei dafür sorgt, dass die Gebärmutter sich stark zusammenzieht. Dadurch kann sich die Plazenta vollständig lösen und es kommt zu keinen Komplikationen wie starken Blutungen oder Teilablösungen. Die Plazenta ist der Teil, der sterben muss, damit Mutter und Kind eine höhere Energiezufuhr erhalten. Es wird vermutet, dass dies ein natürlicher Prozess der Freie-Energie Gesetze ist, die aber noch lange nicht vollständig erforscht sind, da sie mit unseren herkömmlichen physikalischen Gesetzen nicht vereinbar sind. Also besteht letztendlich auch ein Zusammenhang zwischen dem Oxytocin und der Freien Energie, die auch als kosmische weibliche Urkraft bezeichnet wird.

Solange die Nachwehen anhalten, welche nach mehreren Geburten auch schon mal eine Woche das Wohlbefinden sehr stören können, erlebt eine Mutter immer wieder die Verbindung von Lust und Schmerz. Warum das so ist, hat vielleicht kollektiv-karmische oder psychologische Ursachen. Auf jeden Fall lohnt sich die Selbstüberwindung, trotz schmerzender Brustwarzen und heftigen Unterleibschmerzen, sobald das Neugeborene saugt, weiter zu stillen. Nach einigen Tagen wird dann die Milch reichlich fließen, die Schmerzen nachlassen und Kind und Brust eine Symbiose bilden. Die Brüste gehören dann erst einmal dem Baby.

Durch das Stillen und dadurch, dass die Gebärmutter sich wieder ganz natürlich zurückbildet, droht der Mutter auch kein Übergewicht nach der Schwangerschaft. Ein bisschen Selbstdisziplin schadet also nicht. Das Stillen hat auf jeden Fall nur Vorteile für alle Beteiligten. Sollte der Papa einmal erkältet oder verkatert sein, werden ihn einige Schluck Muttermilch schnell regenerieren. Durch das Prolaktin wird auch der Schlaf der Mutter oberflächlicher, damit sie wach wird, wenn das Kind nach ihr ruft.

Die Natur, die göttliche Ordnung hat also alles perfekt eingerichtet. Ich kann da immerzu in dankbares Staunen verfallen!

Die Hormone sorgen für Kraft, Glück, Schmerz, Geschmeidigkeit und Mut. Durch die Überwindung von Schmerz und der beteiligten Leidens- und Angstmechanismen geschieht eine intensive Reinigung von Karma, Psychosen, emotionalen und mentalen Blockaden sowie auch eine körperliche Reinigung. Am Anfang Liebe, am Ende Liebe – so sollte eine Schwangerschaft sein. Alles, was heutzutage in teuren, zeitaufwändigen Therapien, Seminaren und Selbsterfahrungsgruppen gelehrt und praktiziert wird, würde durch eine natürliche Geburt viel einfacher und nachhaltiger vor sich gehen. Und die meisten Therapien sind nicht wirklich nachhaltig, irgendwann gelangen viele Menschen wieder in eine Abwärtsspirale. Wenn wir dort hinschauen und uns erinnern, was während unserer Geburt geschah, müssten wir nicht lebenslänglich in irgendwelchen inneren Prozessen verharren.

Wie wurdest Du geboren? Wie fühlte sich Deine Mutter dabei? Wurdet ihr gestört, wurde „nachgeholfen", bist Du per Kaiserschnitt zur Welt gekommen? Wurdest Du nach der Geburt von Deiner Mutter getrennt? Bekamst Du Medikamente oder die Flasche? Und welche Ängste und Zweifel hat Deine Mutter während der Schwangerschaft durchlebt? Musste sie sich einem Glaubenskodex unterwerfen? Die Antworten darauf, natürlich auch die positiven, glückvollen Antworten sind alle in Dir abge-speichert. Sie möchten vielleicht gesehen und transformiert werden, indem Du dir deine Geburt so vorstellst und innerlich durchlebst, wie Du sie gerne erlebt hättest. Wurdest Du selbst in Liebe, Freude und Glück geboren, darfst Du diese elementare schöne Erfahrung weitergeben.

Die Geburt an sich ist heilig! Eine ganzheitliche Reinigung, Bewusstseinserweiterung, seelisches Wachstum - das Leben selbst bietet dir alles an, was Du brauchst. Und nicht zu vergessen, der Partner durchläuft diesen ganzen Reinigungs- und Erweiterungsprozess auch, sofern er bereit ist, die werdende Mutter wirklich zu begleiten. Wenn ein Mann den Mut aufbringt, eine Frau aufrichtig zu lieben, kann er alles von ihr lernen, solange er sie nicht verletzt und sie sich nicht verschließt.

OXYTOCIN-AUSWIRKUNGEN AUF VIELEN EBENEN

„Wann kommt die Zeit, in der die Macht der Liebe die Liebe zur Macht ablöst?"
(Jimmi Hendrix)

Es wird immer dann ausgeschüttet, wenn Liebe entsteht. Die Chemie der Liebe. Durch Berührung, sexuelle Stimulation, Gruppenprozesse, Rituale und Empathie, z.B. bei Heilungen und Gesprächen im Kreis. Es führt uns in eine „höhere" Energie. In eine Energie der Liebe, die schützt, heilt, für geistige Prozesse sorgt und ins „Wir" führt (egal, ob dieses „Wir" die Symbiose zweier Menschen darstellt oder die Energie einer Gruppe soweit erhöhen kann, dass alchimistische Prozesse stattfinden können). Geistige Prozesse, also kreative Ideen, positive Gedanken und eine raschere Synapsenbildung entstehen, wenn wir uns in unserem So-Sein angenommen und geliebt fühlen, in Liebe und Freude handeln können und uns im Zustand des Friedens befinden. Dann erhebt sich der Neocortex über allen anderen Hirnregionen und wir bremsen uns nicht selbst durch Ängste oder innere Einwände aus. Dass Liebe die Selbstheilungskräfte aktiviert und uns auch andere Menschen heilen lässt, dass Liebe einen energetischen Schutz darstellt, dürfte bekannt sein. Leider haben sehr viele Menschen dies nie wirklich verinnerlicht, denn dann bräuchte doch jeder nur mit der inneren Kraftquelle in Kontakt treten. Nun, bei der Geburt bekommen wir Frauen die Möglichkeit, diese transformative Energie zu erfahren.

Nach der Geburt sorgt das Oxytocin für das Absterben und vollständige Ablösen der Plazenta und die vollständige Rückbildung der Gebärmutter sowie die Gewichtsabnahme. Mütter sind ja bekannt für ihre manchmal übermenschlichen

Kräfte. Liegt das am Oxytocin? Und alle anderen Phänomene, die sich nicht wirklich erklären lassen, ist dann immer das Oxytocin im Spiel? Liegt hier der Schlüssel zur Freien Energie, die weibliche universelle Schöpfungsmacht, mit der fast Nullfrequenz, die überall in der Raumzeit gleichzeitig zu finden ist? Und wie könnte der Mensch diese immer anwesende, nachhaltige Energie nutzen? Vielleicht ausschließlich in Gruppen und Gemeinschaften, so wie in den „Prophezeiungen von Celestine" beschrieben? Eine empathische Gemeinschaft, die die fünfte Dimension öffnet, jedoch durch Angstfrequenzen wieder in der dritten Dimension landet. Es gibt Berichte von alten Kulturen (den angeblich „Primitiven"), die alleine durch Gesänge und Gebete ihr Energielevel aufrechterhielten, sodass sie weder Heizung noch Waschmaschine noch irgendwelche Geräte zum Produzieren von irgendwas brauchten. Es gab noch nicht einmal Schmutz, geschweige denn Krankheiten. Statt Energie von außen also Energie von innen, die sich in der Gemeinschaft noch potenziert? Ich spinne jetzt bewusst ein wenig herum, denn meine weibliche Intuition sagt mir, dass im Oxytocin die Lösung vieler heutiger Probleme liegt. Ich weiß, dass die Zirbeldrüse alle hormonellen Vorgänge im Körper steuert. Die Zirbeldrüse ist auch der Sitz der Seele. Wenn ich präsent, in Liebe und im Frieden bin, dann bin ich empathisch, dann ist meine Seele anwesend. Egal, ob ich mich in sexueller Vereinigung befinde, in einem Gruppenprozess involviert bin oder mich im Wald mit der Pflanzenwelt verbinde. Oder wenn ich mit anderen Menschen musiziere, Mantren singe oder tanze, oder in einer positiven Schwangerschaft ganz mit dem werdenden Baby vereint bin. Der Schlüssel dazu heißt Präsenz. Dann findet Verbindung statt, dann wird Oxytocin gebildet. Ich möchte an dieser Stelle auch mit dem Begriff „Bindungshormon" aufräumen. Es sollte „Verbindungshormon" heißen. Es verbindet Menschen und ist in der Lage, die Energie zu erhöhen. Würde Oxytocin binden, wären wir ja voneinander abhängig, was Energie verringert und nicht erhöht. Die Mutter- Kind- Beziehung ist zudem ein ständiges Loslassen, die echte Herzensverbindung bleibt jedoch. Bedenke, falls Du anderer Meinung bist: alle Konflikte, die sich im Elternhaus und danach abspielen, sind auf Resonanz aufgebaut, auf Liebe. Auf intensive Verbindung, die sich oft wie Abhängigkeit anfühlt. Doch es war und ist dieser wichtige Loslösungsprozess, der uns immer wieder im Leben aufsucht. Es sei denn, bei der Mutter konnte sich nach der Geburt wirklich null Liebe zum Kind entwickeln. Dann gibt es hoffentlich einen Menschen, der sich als Ersatzperson findet, denn sonst würde dieses Baby bald sterben. Es wurde festgestellt, dass Babies in Waisenheimen, die nie berührt, geknuddelt und geküsst wurden, nach kurzer Zeit starben. Es fehlte an lebenswichtigem Oxytocin. Liebe ist die Energie, die wir wirklich brauchen und es gibt überall genug davon. Dieses Hormon ist die Chemie der Liebe. Es öffnet und lässt uns empfänglicher sein für höher schwingende Energien des Friedens und der universellen Licht-Liebe. Daher auch die Weisheit: „Liebe ist die einzige Arznei, die wirklich heilt" (Paracelsus).

Immer, wenn wir energetisch einen größeren Raum betreten, ist es die Präsenz der Seele, die auf die Zirbeldrüse einwirkt, welche wiederum für die Ausschüttung von Serotonin, Endorphin und Oxytocin sorgt. Leider ist in unserer heutigen Zeit die Zirbeldrüse durch Strahlungen, Chemikalien, Schwermetalle und Ängste verkümmert. Warum? Welche Absicht steckt dahinter? Die gleiche Absicht, die seit Jahrtausenden verfolgt wird, um den Menschen daran zu hindern, Erkenntnisse zu erlangen. Daher diese Vehemenz des Patriarchats, die Bildung dieses Stoffes in unseren Körpern zu verhindern. Daher diese Vereinzelung, Angriffe auf die Zirbeldrüse, Zerstörung einer natürlichen Sexualität, Zerstörung von Beziehungen, Familien und Gemeinschaften durch bewusstes Eingreifen der Behörden. Stress und Angst und Kontrolle finden wir an jeder Ecke und schließlich trug auch die Illegalisierung von Cannabis, welches die Produktion von Oxytocin fördert, zur Verkümmerung der Zirbeldrüse bei. Andererseits ist Alkohol immer noch legal, da eine überforderte Leber keine Entspannung im Körper herbeiführt, welches die Bildung von Oxytocin begünstigen würde. Zuviel Zuckerkonsum und eine ungesunde Darmflora überfordern die Leber ebenfalls, da sich Alkaloide bilden. Wer bisher geglaubt hat, wir leben in einer heilen Welt, den muss ich leider immer wieder enttäuschen...

Ja, es könnte alles so einfach sein, ist es aber nicht.
Ich erzähle mal vor dem Hintergrund der Hormone, wie sich im Allgemeinen eine Geburt in der Zivilisation abspielt:
Normalerweise geht die moderne, aufgeklärte, gebildete Frau von heute zur Geburt ins Krankenhaus. Meist hat ihr schon am Anfang der Schwangerschaft der Arzt oder die Ärztin Komplikationen oder Abweichungen von der Norm bestätigt. Die werdende Mutter wähnt sich also im Krankenhaus in Sicherheit.

Dort angekommen wird erst einmal routinemäßig und daher unsanft von einer Hebamme, die gerade Dienst hat, die Öffnung des Muttermundes festgestellt…

Der Gebärmuttermund ist übrigens die intimste aller intimen Stellen einer Frau! Der heilige Tempel... (aber genau das ist ja heutzutage unser globales Desaster. 10 000 Jahre Vergewaltigungen in jeglicher Form und auf jeder Ebene. Der heilige Tempel der Göttin wird schon lange verschmutzt und zerstört, immer wieder und wieder.)

Danach wird die werdende Mutter entweder nach Hause geschickt oder dem nichtsahnenden Pärchen angekündigt, die Geburt werde sich hinziehen.

Vielleicht entspricht der Blutdruck der Mutter oder der Herzschlag des Kindes nicht ganz der Norm, die linke Gehirnhälfte, die sich ja unter Einfluss des Oxytocins eigentlich zurückhalten müsste, wird strapaziert durch fachliches Wissen und Scheinwissen. Das Ungeborene, welches sich nun auf die Geburt vorbereitet hat, bekommt diese Störung natürlich mit, woraufhin es nicht weiter auf den Gebärmuttermund drückt. Das bewirkt eine zu geringe Oxytocin-Ausschüttung. Die werdende Mutter wird nun an das CTG angeschlossen, es stellt sich heraus, dass die Wehen schwächer werden. Nach etlichen Stunden des Wartens kommt dann der Wehentropf zum Einsatz. Die Frau ist also verkabelt, liegt auf dem Rücken, fühlt sich unwohl und hat nun künstliche Dauerwehen anstatt der rhythmischen Ekstase von Adrenalin und Oxytocin mit Endorphin. Dadurch ist sie nun nicht intensiv mit dem Kind verbunden, da das künstliche Hormon nicht den Verbindungseffekt hat. Mutter und Kind sind gestresst. Beide Organismen sind voller Adrenalin, der Muttermund öffnet sich nicht weiter, da keine Entspannung erfolgt, weil kein Endorphin in ausreichender Menge produziert wird. Hinzu kommen vielleicht noch Schichtwechsel, unklare Absprachen, unnötige Diskussionen zwischen Arzt und Hebamme oder Partner und Arzt oder Hebamme oder alles zusammen. Die Schmerzen sind nicht mehr auszuhalten, daher kommt nun die PDA zum Einsatz. Früher wurde auch Morphium gegeben. Inzwischen ist man wieder bei Lachgas angekommen. Wenn eine Frau von starken Schmerzen völlig überrumpelt wird, sagt sie automatisch „JA", wenn ihr Schmerzmittel angeboten werden!

Die körpereigene Hormonproduktion ist nun völlig durcheinander. Das Körpergefühl von Mutter und Kind ist unklar, die Kräfte lassen nach. Im günstigsten Fall sind sich Mutter und Hebamme sympathisch und die Hebamme ist erfahren und gelassen sowie von empathischer Natur. Dann kann trotz aller Interventionen die Geburt noch gut gelingen. Auch ein gelassener Partner ist hier sehr, sehr hilfreich. Bei Männern, die die Geburt ihres Kindes begleiten, steigt übrigens der Testosteronspiegel an, was zusammen mit Adrenalin, Oxytocin und Endorphin für geistige und körperliche Kraft, Ausdauer, fokussiert sein, Schutzinstinkt und Gelassenheit sorgt. Viele Männer sprechen auch während der Geburt Gebete, solange sie ohnehin nichts anderes tun können. Und, glaubt mir, hier können Männer ihre wahre Kraft zeigen. Gelassenheit, Fokussiertheit (non- Multitasking hat eben auch Vorteile) und ein Schutzwall aus Liebe übertragen sich schnell auf alle Beteiligten.

Aber ich spinne hier mal das Negativ-Beispiel weiter…
Wenn ungünstige Faktoren hinzukommen, oder die werdende Mutter ohne Begleitung im Kreißsaal liegt, von Natur aus unsicher, ängstlich und wenig selbstbewusst ist, kommt es zur Stockung des Geburtsprozess. Da so kein Endorphin gebildet werden kann und Stress und Schmerzen (oder die Betäubung) bei Mutter und Kind sehr kräftezehrend sind, verlangsamt sich sehr wahrscheinlich bald der Herzschlag des Kindes. Der Arzt leitet nun erleichtert den Kaiserschnitt ein oder, falls der Kopf des Kindes schon zu weit im Geburts-kanal steckt, wird mit Saugglocke oder Zange nachgeholfen...Sein Feierabend ist nun in greifbarer Nähe.
Das Kind ist endlich da, die Mutter grenzenlos erschöpft und es fehlt das Glücksgefühl, da während der Geburt zu wenig Endorphine ausgeschüttet wurden und kein natürlicher Wechsel von Sympatikus und Parasympathikus stattfinden konnte. Viele Mütter fühlen sich nach der Geburt enttäuscht,

leer, schuldig oder finden keinen Kontakt zum Kind, da die echten, berauschenden Gefühle der Mutterliebe ausbleiben. Auch die Liebe zum Vater des Kindes erfährt durch die Geburt eine große Bereicherung, das muss hier auch nochmal betont werden. Bleiben die Glücksgefühle aus, weil während der Geburt in die natürlichen Prozesse hineingepfuscht wurde, bleibt auch das Gefühl von Liebe aus. Die Liebesfähigkeit und Empathie zu den Mitmenschen allgemein ist durch so eine Erfahrung erst einmal blockiert. Das Neugeborene bekommt Angst und schreit, logisch.

Danach wird die obligatorische Spritze gegeben, damit die Gebärmutter sich zusammenzieht, begleitet von etlichen Untersuchungen, deren Ergebnisse oft zusätzliche Verunsicherung stiften. Das Neugeborene wird im Babyzimmer untergebracht, damit die Mutter „sich ausruhen" kann, es fehlt also der wichtige Körperkontakt, der für ein gesundes Verbindungsverhalten ausschlaggebend ist. Ebenso wichtig ist natürlich die Verbindung von Vater und Kind. Durch die fehlende Nähe von Mutter und Kind kann es zu Störungen in der Prolaktin-Bildung kommen, wodurch der Beginn der Stillphase erschwert wird, d.h. es kann länger dauern, bis genügend Milch gebildet wird. Bis dahin hat das Baby im Krankenhaus oft schon die Erfahrung mit der Flasche gemacht. Viele Mütter geben dann auch auf, weil angeblich ihr Körper nicht genügend Milch produziert. Durch fehlerhafte Hormonveränderungen nehmen Mütter, die auf das Stillen verzichten, oft weniger ab oder auch gar nicht und leiden unter Stoffwechselstörungen.

Glücklicherweise geht es ja irgendwann Mutter und Kind trotzdem irgendwie gut. Doch unerlöste traumatische Erlebnisse und der Verlust des Urvertrauens halten sich lange unbemerkt im Hintergrund auf, irgendwann wollen sie gesehen werden, wachen auf und tanzen. Meist kann man diese aufkommenden Blockaden, die geheilt werden wollen, noch lange Zeit unterdrücken, doch irgendwann führen sie zu Zwangshandlungen, Ersatzbefriedigung, Depressionen, Berührungsängsten, sexuellen Blockaden und schließlich zu Krankheiten. Darunter leidet heutzutage unsere gesamte moderne, technisierte Gesellschaft, überall gibt es Oxytocin-Gestörte!

Oxytocin und Empathie stehen im engen Zusammenhang, das Empathiedefizitsyndrom (EDS) sorgt für die Vereinzelung und Vereinsamung der Menschen in unserer Gesellschaft. Alles hängt miteinander zusammen. Wenn man dann noch bedenkt, das Oxytocin am leichtesten und in höherer Konzentration beim Geschlechtsverkehr produziert wird und immer mehr Menschen keine natürliche Sexualität mehr leben können, wird dieser Teufelskreis noch deutlicher.

ADS UND EDS

Statt ADS sollte EDS behandelt werden. Nach den neuesten Erkenntnissen der Hirnforschung entstehen Aufmerksamkeitsdefizite durch mangelnde Empathie der erwachsenen Bezugspersonen - meist im Alter von 9 Jahren. Also in einem Alter, in dem das Gehirn vor der Pubertät nochmal eine starke Synapsenbildung durchlebt. Alles an bisherigen Erfahrungen wird nun als Realität abgespeichert. Wenn diese Kinder dann in einer Umgebung leben dürfen, in der ein empathisches Miteinander auf Augenhöhe gepflegt wird, verschwinden die ADS-Symptome sofort. Was ist mit den Erwachsenen, die an EDS leiden und mit diesem Krankheitsbild auch noch Vorbilder sein sollen? Jemand, der an mangelnder Empathie leidet, leidet ja nicht, da dieser Mensch von seinem Mitgefühl und auch allen anderen Gefühlen abgetrennt ist. Und weil in unserer Gesellschaft das

EDS immer mehr um sich greift und dies schon lange der Normalzustand ist, wird Empathie mangel nicht als Krankheit definiert, sondern die Reaktion der Kinder und Jugendlichen darauf. Durch Ritalin entsprechen diese dann auch endlich der Norm!

Ich finde, das sollte mal ein Ende haben…

Kinder sind übrigens der beste Regulator für EDS-kranke Erwachsene.

Erinnern wir uns an das Oxytocin. Ich erhebe nicht den Anspruch, die Gesellschaft heilen zu wollen, aber vielleicht kann ich ein paar Denkanstöße geben.

Wenn wir in einer Gruppe Liebe, Zuneigung, Empathie, Wertschätzung und emotionale Sicherheit erfahren, produziert unser Gehirn Oxytocin. Wir verlieben uns bzw. können uns den Menschen um uns herum öffnen. Ebenso empfinden wir Liebe und Mitgefühl für die Menschen, die mit uns sind und möchten jeden einzelnen besser kennenlernen und unterstützen. So entsteht eine empathische Gemeinschaft. Der Oxytocin- Spiegel ist dauerhaft erhöht und wir erfahren ein gesundes Ver-Bindungsverhalten, weil in einer Gemeinschaft, die auf Empathie und Potenzialentfaltung ausgerichtet ist, kein Bindungsverhalten im Sinne von Besitzen nötig oder möglich ist. Dies überträgt sich auch auf die Liebesbeziehungen innerhalb einer Gemeinschaft. Oxytocin fördert also die Empathie. Wenn Menschen separiert werden und dazu noch Leistungsdenken und Mangel propagiert werden, kann kein Oxytocin gebildet werden. Es gibt keine beziehungsunfähigen Menschen, es gibt aber Oxytocinmangel. Wie kann man diesen beheben? Indem man genau die Menschen, die am gefühlskältesten sind, umarmt. Das ist natürlich in der jetzigen Zeit mit seltsamen Kontaktregeln kaum realisierbar, aber eben auch nur ein Denkansatz von mir, den ihr ja weiter basteln könnt.

Freie Kinder haben oft freie Ideen, wie man empathielose

Menschen heilen könnte. Sie schenken ihnen etwas von Herzen...

Free hugs for peace...

SPIRITUELLE HINTERGRÜNDE
„Eine Frau stirbt bei der Geburt, um mit dem Kind neu geboren zu werden"
(Hexenweisheit)

Die gesamte Schwangerschaft von der Zeugung bis zur Geburt kann man als einen heiligen Prozess betrachten. Bei vielen Naturvölkern galt diese Phase auch als natürlicher Initiationsweg. Jede Schöpfung, jede Idee, die in diese Welt hinein manifestiert wird, unterliegt denselben kosmischen Prinzipien wie die Phasen von Schwangerschaft und Geburt. Während meiner fünften Schwangerschaft fiel mir eines Tages, als ich mich auf dem Sofa ausruhte, ein Bild an der Wand auf. Es zeigte das Innere der Kathedrale von Chartres südlich von Paris. Auf dem Boden dort befindet sich ein großes Labyrinth, welches nach den Pythagoras-Gesetzen und der kabbalistischen Zahlenmystik entwickelt wurde. Es enthält Primzahlen, die Zahl 22 spielt eine wichtige Rolle usw. Früher waren Labyrinthe als Einweihungswege bekannt. Ich verfolgte vom Sofa aus mit den Augen den Weg durch das Labyrinth. Mir fiel auf, dass dieser Weg im Zusammenhang mit den Phasen einer Geburt steht. Ich kannte mich mit Geburten aus und war schon durch einige Labyrinthe gegangen. Zuerst führt der Weg schnell Richtung Mitte, dann weit an den Rand, dann entsteht Kurve für Kurve der Eindruck, dem Ziel überhaupt nicht näher zu kommen. Es wird langweilig und geht nicht voran. Ungeduld macht sich breit. Gedanken des Zweifelns und Aufgebens breiten sich aus. Plötzlich tauchen Erinnerungen und Emotionen auf, während das Ziel mal näher, mal wieder fern ist - schließlich beschäftigt sich der Kopf schon mit anderen Dingen, während man doch stetig einen Schritt vor den anderen setzt.... Schließlich führt der Weg ganz nach außen und die Energie sackt ab. An dieser Stelle geben viele Menschen auf. Und plötzlich steht man in der Mitte des Labyrinthes und ist unerwartet am Ziel!!

Bei dem Labyrinth in Chartres haben Radiaästhesisten die Boviseinheiten (BE) gemessen, also die vitale Energie, die auf den Menschen einwirkt. Als erträgliches Wohlfühl-Mittelmaß gelten zwischen 6000 und 9000 BE. Während anfangs die Energie ständig ansteigt, fällt sie kurz vor Erreichen des Mittelpunktes des Labyrinths auf unter 3000 BE ab. Also an der Stelle, an dem sich der Weg aus der Mitte heraus wieder fast an den Rand des Labyrinths bewegt. Wenn man stetig weitergeht, trotz Schwäche, Müdigkeit und Erschöpfung kommt man plötzlich ins Ziel mit 18000 BE.

Nach diesem kosmischen Gesetz laufen alle Prozesse des Lebens ab - damit wir an Reife, Bewusstheit und Erfahrung wachsen. Mal ist das Ziel klar vor Augen, mal wird unsere Geduld geprüft, mal ist das Ziel egal, unerreichbar und verliert den Sinn. Und plötzlich sind wir angekommen! In der Mitte eines Labyrinthes steht fast immer ein Symbol oder die Darstellung der Überwindung animalischer Kräfte im Menschen. Anders gesagt auch die Erlösung vom Leiden. Im Pflanzen-Labyrinth steht oft eine mächtige Eiche oder Buche in der Mitte.

So sind wir göttliche Wesen in dieser Welt, Teil der Natur, Teil dieses Planeten. Wir sterben viele kleine Tode und gebären uns selbst immer wieder neu. Während des Geburtsprozesses werden wir mit allen archaischen Themen und Ängsten konfrontiert. Immer wieder gehen wir den Weg des Labyrinthes, hoffen, verzweifeln, lieben, hassen und bleiben stehen. Wir möchten aufgeben, fürchten uns vor dem Versagen, vor der Einsamkeit, vor dem Tod, vor dem Loslassen. Kurz vor dem Ziel versagt die Energie und nur, wenn wir unbeirrt weitergehen, kommen wir an. Bis wir endlich unser Ego, unsere Gedankenmaschine im Kopf loslassen und uns dem hingeben, was ist. Dann sind wir DA! Bei der Geburt ist es genauso, auch während meiner schnellen und leichten Geburten gab es all diese Phasen im Schnelldurchgang.

Ich erkannte im Erfahren des Labyrinthes immer wieder die Entwicklung von der Angst in die Liebe. Angst=Ego und Liebe=Selbst, es ist so einfach, doch wir Menschen fallen immer wieder und wieder auf unseren Schmerzkörper herein...

Leider, leider hat kaum noch eine Frau die Chance, dieses Naturprinzip, dieses kosmische Gesetz im eigenen Körper zu erleben. Im Krankenhaus sind wir eine Nummer, sind wir abgelenkt, betäubt und fremdbestimmt.

Ich bin sehr dankbar, dass ich diese Naturgesetze erfahren durfte, ohne sie zu kennen, ohne Sicherheit darüber, ob mein Körper zu diesem Kraftaufwand auch bei dem 5. oder 6. Kind noch fähig ist. Natürlich ist der weibliche Körper fähig dazu, wenn Frau diesem Körper vertraut. Wenn sie bereit ist, diese Reise noch einmal zu gehen. Wenn sie offen und neugierig ist für diese neue neunmonatige besondere Reise. Doch was ist das Ziel dieser Reise? Gibt es ein Ziel?

Wir haben in der heutigen Zeit vergessen, warum wir hier sind. Mit den Hexen, den weisen Frauen, ist auch das Heilige aus unserer Welt verschwunden. Von Anbeginn der Menschheit auf diesem Planeten wurden Kinder gezeugt, geboren, wuchsen auf, lernten, zeugten und empfingen selbst Kinder usw. Sexualität, Zeugung, Geburt, Sterben, Nahtoderfahrungen, ekstatische Bewusstseinszustände und die stille Kommunikation mit der Natur – all dies war in alter Zeit heilig! Übrigens wurde erst mit dem Absinken des Bewusstseinslevels nach dem Untergang von Atlantis das Zeugen von Kindern, die Befriedigung sexueller Begierden und möglichst nahrhafte, sättigende Nahrung wichtiger. Die Wahrnehmung für lichtvolle, hoch schwingende Energien

oder anders gesagt die Fähigkeit universelle Liebe zu emp-
fangen und zu nutzen waren verloren gegangen. Die Lebens-
spanne eines menschlichen Körpers verkürzte sich erheblich.
Das alte Wissen wurde von Meister zu Schüler weitergegeben
und es entstanden in diesen ersten Kulturen Rituale und
Zeremonien, die auf Heilung, Segnung und Initiation des
Menschen, des Stammes oder der Natur ausgerichtet waren.
Die spirituellen Führer wussten, dass nun eine dunkle Zeit
angebrochen war, im indischen Raum als Kaliyurga bekannt.
Durch die Jahresfeste und bestimmte Riten sollte diese
dunkle Phase der Menschheit überstanden werden. Die Menschen lernten durch Initiationen die „Dinge" des Lebens. In
unserer Gesellschaft sind dies immer noch Tabuthemen, da
die dahinter schlummernden Erfahrungen nicht intellektuell
erklärbar sind. Sie wirken grenzüberschreitend und die
nähere Beschäftigung und Reflexion kann Neurosen und
Psychosen ins Bewusstsein katapultieren. Die
Konditionierungen, die diese Erfahrungen zu unterdrücken
versuchen, stammen noch aus der Zeit der Hexenverfolgung
und dem Aufblühen von Patriarchat, Freimaurerei und
Kirche. Die Verfolgung der weiblichen Macht begann schon
im alten Ägypten. So flüchteten damals eine ganze Schar
Priesterinnen nach Indien und bis Sibirien. Als Tantra und der
Anastasia-Kult gelangt dieses heilige Wissen langsam wieder
in unsere heutige Zeit, doch nicht ohne die Versuche der
Mächtigen, alles Heilige zu verteufeln und zu verfälschen.

Es gibt interessante Beiträge zum Thema Bewusstsein,
z.B. die Seite

www.gunnar-gressl.at/de/ebenen-bewusstsein/loc-600-
1000/

Diese Auflistung nach dem System vom spirituellen
Lehrer Ramaji macht deutlich, dass mit der Anhebung des
Bewusstseins die Gewaltbereitschaft, das Kämpfen und das
Verteidigen nachlassen. Die Machtelite hat natürlich ein

Interesse daran, unser Bewusstsein auf einem niedrigen Level zu halten. Denn bewusste, friedliche, freie und liebevolle Menschen lösen durch ihr Sein die Angst- und Gewaltmechanismen in ihrer Umgebung auf, denn Bewusstsein ist ansteckend. Bewusste Menschen erkennen, vergeben, lieben. Und schließlich erkennst Du, dass es keinen Widersacher gibt und alles nur ein Spiel ist. Doch ich bleibe mal in der Dualität, denn dort befinden sich noch unsere physischen Körper.

Das Patriarchat - die Idee entstand im alten Ägypten. Es gibt viele Überlieferungen hierzu.

Mir persönlich gefällt diese am besten, da sie mit meinen Seelenerinnerungen übereinstimmt:

Nach dem Untergang von Atlantis und der Sintflut schöpften einige überlebende PriesterInnen in Ägypten eine neue Zivilisation. Aus diesen wurden später Götter, Wesen mit spirituellen Fähigkeiten. Diese waren für die Menschen nicht nachvollziehbar, so entstand die Mystik.

In der ägyptischen Mythologie bestand diese Götterfamilie aus neun Personen, wie in vielen anderen Mythologien auch. Isis und Osiris sind bekannt, sie finden sich als die Sternbilder Sirius und Orion am Himmel wieder. Seth war der jüngere Bruder von Osiris. Aus Eifersucht ermordete er diesen. Seth wird als der einzige Gegenspieler aufgeführt. Er setzte einen Samen in diese neugeschaffene Menschheit. Niemand aus dieser mächtigen Familie konnte ihn daran hindern, denn es galt das Gesetz des Freien Willens.

Die Pflanze, die aus diesem Samen wuchs, hieß Trennung. Teile und herrsche, so wollte Seth die Weltherrschaft erlangen. Bis heute wurden viele mächtige Führer, Geheimbünde und Systeme von diesem Virus infiziert. Daraus wuchsen die Pflanzen Macht, Gier, Angst und Einsamkeit.

Daraus wucherten nach und nach über alle Kontinente der Welt die Gewächse Geld, Zinsen, Separatismus, organisierte Religion, Politik, Lüge, Ausbeutung, Unterdrückung, Gewalt, Fremdbestimmung usw. Die weiblichen Attribute wie Weisheit, Intuition und das spirituelle Schöpfen aus der Quelle wurden dämonisiert und verboten. Als Seth die Macht ergriff, durften Frauen keine Tätigkeiten mehr ausüben, die ihren göttlichen Fähigkeiten entsprachen, also Heilen, Weissagen, Sehen und spirituell Nähren und Reinigen. Das tiefe weibliche Wissen über die Liebe, Erotik, Kinder, Tiere und Pflanzen, Naturwesen, Lichtwesen, Zukunft und Vergangenheit „sehen", sowie das Kristallwissen wurden verboten und geächtet. Aus den ursprünglichen, mit dem Ur-Wissen ausgestatteten Frauen wurden „Weiber", die allenfalls noch putzen, kochen, viele Kinder gebären und Feldarbeit verrichten durften. Die weibliche Kraft verschwand nach und nach und versteckte sich in den letzten Winkeln des Planeten, die männliche Kraft konnte nicht mehr genährt werden. Männer und Frauen entfremdeten sich mehr und mehr voneinander. Die männlichen und weiblichen Kräfte waren auf allen Ebenen des Seins aus dem Gleichgewicht geraten, also vom Yin-Yang im menschlichen Körper über die Erotik zwischen Mann und Frau bis hin zur Vereinigung von Politik und Spiritualität, Erde und Himmel. Alles geriet aus der göttlichen Ordnung. So entstand das Mangeldenken. Als ich diese Zusammenhänge erkannte, wunderte ich mich auch nicht mehr über die Schmerzen und Ängste während einer Geburt.

In den matriarchalen Kulturen, die einst überall auf dem Planeten verbreitet waren, lebten die Menschen im Einklang mit der Natur. Die aussterbende Kultur der Aborigines oder der Inuits sowie einige südamerikanische Stämme können uns immer noch eine Ahnung davon vermitteln, was natürlich leben bedeutet. Sind und waren diese Völker, also unsere Ur-ahnen, primitiv? Waren sie wirklich unbewusster als unsere heutige Gesellschaft ?

Nach neuesten Forschungserkenntnissen muss der Stein-zeitmensch roh-vegan oder fruktarisch gelebt haben, erst ab der Eiszeit begannen die Menschen notgedrungen, Tiere zu essen. Die Überreste dieser frühen Kultur in Europa finden sich in den wenigen Überlieferungen der Kelten wieder. Ein Volk mit hohen, spirituellen Fähigkeiten und einer Weisheit, die bis heute fast vergessen ist. Es gibt keine schriftlichen Überlieferungen, nicht nur, weil es keine Schrift gab, sondern, weil in allen matriarchalen Kulturen das Wissen in Liedern und Geschichten überliefert wurde. Das Innere im Menschen, die weibliche Macht, Mutter Erde, alles Schöne und Weibliche wurde verehrt und gelebt.

Das Leben entsprach ganz dem göttlichen Sein auf Erden. Kinder wurden natürlich geboren. Jede Geburt war eine Zere-monie und sie lernten in Gemeinschaften alles, was sie zum Leben brauchten. Begabte Kinder wurden von Schamanen oder Druiden gelehrt, alte Menschen erzählten oder sangen Geschichten. Der männliche Schutz war eher von spiritueller Willenskraft als durch Muskelkraft geprägt. Jeder Ort, an dem Menschen lebten, war ein Raum der Liebe. Die Men-schen kommunizierten vorwiegend telepathisch, auch mit allen anderen fühlenden Wesen. Es gab keine Teilung oder Trennung im Bewusstsein. Sobald ein Mensch sich in Angst-strukturen verfing, konnte dieser durch die Gemeinschaft wieder geheilt werden und seinen Seelenweg wiederfinden.

In diesen Frieden, der alles Leben vereinte, drang plötz-lich eine neue Menschenform, der so genannte Cro-Magnon Mensch. Er tauchte in Europa auf, war größer, stärker und intelligenter als der Neandertaler. Sie hatten Waffen, mordeten, vergewaltigten und zerstörten die einfachen Dörfer. Darauf waren die friedlichen, glücklichen

Naturmenschen nicht vorbereitet. So kam die Angst und die Wut in ihre Welt. Sie wehrten sich mit Zauberei, Magie und Beschwörungen. Was bis dahin in Liebe und zum Wohle der Gemeinschaft zelebriert wurde, war nun auf Schutz, Verteidigung und Macht ausgerichtet. Viele flüchteten und wurden verfolgt. Diese ohnmächtige Wut steckt noch heute in uns Menschen. Was hier geschah, hat sich nach und nach überall in der Welt abgespielt. Aus Frieden wurde Krieg, aus Liebe wurde Angst. Die Natur und das Klima veränderten sich, ebenso die natürlichen Prozesse im Körper des Menschen. Die Gedanken und Gefühle bekamen eine andere Ausrichtung. So wurden auch Tiere und Pflanzen gefährlich für den Menschen. Bis dahin hatten alle Wesen in Frieden miteinander gelebt. Das Bewusstsein veränderte sich, das Level des Bewusst Sein fiel. Der Mensch fiel tiefer und tiefer und allerlei Lügen breiteten sich aus. Macht, Ausbeutung und Gewalt erzeugten Leistungsdruck aus Mangeldenken, Konkurrenz und Eifersucht aus Angst sowie Kontrolle aus fehlender Selbstliebe…

Und heute findet man an jeder Ecke Suchtmenschen, die ihren Mangel an Glück und Liebe mit allerlei legitimen Konsum kompensieren (Gerald Hüther). Aus dem weiblichen Empfangen wurden Schutzmechanismen, aus dem männlichen Geben wurde Tauschlogik und Geiz. Daraus entstand Kontrolle, Scham- und Schuldgefühle und schließlich ein ungerechtes Geldsystem.

Doch die Macht Seths ist nun aufgebraucht und immer mehr Menschen erinnern sich an ihre wahre Aufgabe, ihren Seelenplan. Wir sehen im Außen, wo uns das Patriarchat und die Unterdrückung des Weiblichen hingeführt hat und wir erinnern uns. Es ist nichts verloren gegangen, doch unsere Seelen sind traumatisiert durch jahrtausendealte Unterdrückung und Missbrauch. Die weibliche Macht, die Macht der Göttin ist zurückgekehrt, egal, wie wir sie nennen.

Durch sie gebären wir uns selber neu, durch sie gebären wir unsere Kinder auf natürliche Weise, durch sie gebären wir eine neue Friedenskultur auf der Erde. Durch das Wiederverbinden mit der weiblichen Macht gebären wir über unsere Projekte wieder Liebe, Heilung, Weisheit, Bewusstsein, Klarheit und Kraft in alles Leben!

Doch warum gibt es immer noch diese Schmerzen, diese völlige Erschöpfung, diese Todesangst während der Geburt? Vielleicht war dies auch eine Erfindung der altägyptischen Machtelite. In der Bibel soll ein zürnender Gott angeordnet haben: „Das Weib soll unter Schmerzen gebären, der Mann im Schweiße seines Angesichts arbeiten" (Arbeit=Folter). Es kann nur ein Gott gesagt haben, der Macht über die Menschenseelen erlangen wollte. Dies gelang am einfachsten, indem er die weibliche Schöpfung in der Natur und damit im Menschen und die selbstbestimmte kreative Schöpfungskraft der Liebe verbannte. Wir sind auf dem Weg der Heilung, doch wir sind noch nicht genug und solange noch 97% aller Geburten im Krankenhaus erledigt werden, kann sich in diesem Feld kollektiv nichts ändern. Der Geburtsschmerz wird uns also noch eine Weile begleiten...

Wir haben alles Heilige vergessen - daher ist es auch sinnlos, Ärzten, Politikern, der Pharmaindustrie oder den Eltern die Schuld zu geben. Es gibt keine Schuld. Außerdem liegen die Urheber im Dunklen der Vergangenheit. Wir hatten als Menschheit bisher viele Möglichkeiten, umzukehren. Es ist unser selbstgewählter Weg gewesen, aus dem Paradies zu fallen und Erfahrungen im Vergessen zu sammeln. Es ist ein Spiel, zu dem wir bereit waren. Wir haben es nur vergessen. Durch den Geburtsschmerz, die Todesangst, die Erstickungsanfälle und das viele Blut verbrennen wir Frauen innerlich, um schließlich als Phönixe wieder aufzusteigen. Wenn wir diesen Prozess bewusst erleben, ja, dann steht die Rückkehr zum Paradies an. Dieser Weg ist nicht leicht, doch wenn wir uns zur allumfassenden Liebe bekennen, die sich hinter jedem Schmerz verbirgt, wird es leichter und leichter, zunächst das innere Paradies zu erreichen. Dann können wir schon jetzt angst- und schmerzfrei gebären.

Durch eine natürliche Geburt kann Lilith in uns erwachen, die weibliche Kraft, die nie das Paradies verlassen hat. Natürlich wurde sie daher dämonisiert. Doch wenn diese Kraft in uns Frauen von aller Wut, Scham und aufgedrängten Schuldgefühlen befreit ist, können sich Lilith und Eva vereinen. Dann ist eine Frau fähig zu vergeben, bedingungslos zu lieben, endlose Geduld zu entwickeln, immer freundlich und wohlwollend zu sein und voller Hingabe und Vertrauen. Dann genügen 4 Stunden Schlaf, die Bewegungen sind bei allen Tätigkeiten fließend, der Geist ermüdet nicht beim Multitasking und die Gefühle sind ausbalanciert. Ich kenne diesen Zustand nur phasenweise, aber immerhin…

Das indische Synonym für Lilith ist Kali, ein Aspekt der Shakti als göttliche Mutter allen Seins. Kali hat auf dieser Ebene, also in dieser Wirklichkeit die Aufgabe, alles zu vernichten, was uns davon abhält, ins Paradies zurückzukehren. Daher wirkt sie auf das Ego angsteinflößend. Eine andere Entsprechung in unserem Inneren stellt die Kundalinischlange dar. Sie ist die weibliche Energie im Menschen.

Die Geburt und die Beziehung zum Kind sind unser Heilungsweg. Ein Kind kann niemals ein Störfaktor im Leben eines Paares sein und Problemkinder gibt es nicht. Kinder sind immer Regulatoren, Wegweiser und Lehrer. Es ist für keine Frau einfach, doch es lohnt sich. Wenn wir diese Kraft in uns weiterhin leugnen und blockieren, an patriarchalen Glaubensmustern und intellektuellen Konzepten festhalten, wird der Zorn der Lilith stärker und stärker. Damit nähren wir unseren eigenen Dämonen.

Also wundere dich nicht, wenn du nach einer Geburt plötzlich
- mit Tieren, Pflanzen oder Steinen kommunizierst,
- dich an frühere Leben erinnerst oder Zukunftsvisionen bekommst
- immer wieder eine rasende Wut auf alles „männliche" in dir aufsteigt
- in anderen Sprachen denkst, sprichst oder singst
- dich plötzlich für Kräuter und Naturheilkunde interessierst
- Schmerzen am gesamten Körper spürst, du ständig erschöpft bist, oft weinen musst, aber dich trotzdem glücklich fühlst.
- einfach grundlos irre glücklich bist und dich nichts mehr herunterzieht!
- du plötzlich das Bedürfnis hast, alle Menschen umarmen zu wollen.

Du bist nicht psychisch krank, sondern auf deinem persönlichem Heilungsweg. Deine innere Göttin ist erwacht!!!

All dies und noch viel mehr deutet auf ein Wiedererwachen deiner wahren Kraft hin, diese Anzeichen kommen und gehen, aber wenn du aufmerksam bist und meditativ, wirst du auch eine Richtung erkennen, wohin diese heilende, nährende Kraft fließen möchte. Die meisten Männer empfinden ihre Partnerin als krank, psychotisch, abgehoben oder irrational. Oder sie fühlen sich als Mann nicht mehr wahrgenommen, weil ihnen einfach noch der Zugang zur eigenen Weiblichkeit fehlt. Und da auch unsere Gesellschaft noch sehr patriarchalisch- intellektuell-dreidimensional funktioniert, werden wir Frauen, in denen die Ur-Weiblichkeit erwacht ist, nicht ernst genommen. Was wurde ich manchmal von meinem Mann beschimpft, wenn ich z.B.

gespürt hatte, dass das Auto nicht anspringt, weil es Herzschmerzen hat und daher die Zündkerzen alle vier aufgegeben hatten.

Unlogisch, irrational ...und doch lag es am Ende an den Zündkerzen, natürlich nach vielem Geschraube und viel Aufregung. Und leider ist es noch so, dass hysterische Frauen eingesperrt und ihnen die Kinder genommen werden.

Ja, es gibt auch viele andere Wege, zu unserem eigentlichen Wesen, unserer inneren Weisheit, Kraft, Schönheit und Wahrheit zurückzukehren. Doch diese Wege sind meist konzeptionell oder im therapeutischen Bereich. Was vor, während und nach einer Geburt in unserem Inneren geschieht, können wir vorher nicht abschätzen. Es geschieht einfach…

Im Kapitel „Kundalini" gehe ich noch genauer auf dieses Thema ein.

Inzwischen neigt sich das Patriarchat glücklicherweise seinem Ende zu, doch die Angst vor Kontrollverlust, die Angst vor dem Kontakt mit der geistigen Welt ist geblieben. Die Dämonisierung durch die Kirche wird inzwischen vom Mainstream-Yoga abgelöst - Verbote, Dogmen und vor allem die Verherrlichung der Kontrolle und Unterdrückung der weiblichen Energie im Menschen. Ich meine damit die verkopfte Disziplin, die doch nur wieder zu trennenden Bewertungen führt, die nicht befreien, sondern einengen und wieder die sprudelnde, kreative, lustvolle weibliche Energie unterdrückt. Wie soll eine Frau ein Kind gebären, wenn sie nie gelernt hat, wirklich loszulassen, sich total zu öffnen, sich ganz dem Hier-und-Jetzt hinzugeben, komische Bewegungen auszuführen und ihre innere Kraft zu spüren? Wenn es ihr peinlich ist, laut zu stöhnen oder zu schreien? Wie soll sich das Tor zur geistigen Welt öffnen können, wenn der Geist der werdenden Mutter mit Überzeugungen verstopft ist wie „ich darf nur so und so atmen, die erwachte Kundalini schadet dem Gehirn, ich darf keine Lust empfinden, ich darf keine Sehnsucht haben, ich darf erst wieder in drei Stunden essen, ich darf keine Emotionen zeigen usw."? Wenn der Kontakt zum innersten Wesen nicht zustande kommt, weil da immer die Angst ist, etwas falsch zu machen? Wenn frau sich nicht traut, anders zu leben als wie der (männliche) Guru XY es vorschreibt?

Wer sich selbst unterdrückt, wird auch andere unterdrücken, besonders die eigenen Kinder!!

Yoga bedeutet „der Weg zu Gott" und wenn dieser Weg in Konzepte, Verbote und dogmatische Tagesstrukturen gedrückt wird, wird man dadurch Gott keinen Millimeter näher kommen.

Das ganz natürliche, weibliche Yoga vollzieht sich in der Schwangerschaft, während der Geburt und Stillzeit. Der Verzicht auf schädliche Substanzen, weniger soziale Kontakte, eine gewisse Tagesstruktur, die vom Kind bestimmt wird, Bewegung (z. B. Hatha Yoga nach Lust und Laune, Spaziergang im Wald) und Ruhe (Meditation,Atmen) im richtigen Maß, zeitweise sexuelle Enthaltsamkeit und wenig Schlaf. Oft reicht diese Phase, um sich physisch, emotional und mental zu reinigen und sich an das göttliche Selbst zu erinnern. Das Kind ist dann auch der beste Yogalehrer der Welt, genau auf die Eltern abgestimmt. Und es ist von Bhakti- über Akro- bis Lachyoga alles dabei. Das Stillen kann zur stillen Meditation werden und die Wahrnehmung ist geschärft.

Was immer noch als „Selbstverwirklichungstrip" belächelt wird, ist in Wirklichkeit die weibliche Intuition, die eben auch mal sehr unbeständig und unlinear sowie irrational sein kann…natürlich auch im Mann!

Und wenn die Beziehung wirklich von Liebe und Harmonie erfüllt ist, wird der Partner diesen Weg des natürlichen Yoga mitgehen.

Wenn sich nach einem glücklichen Geburtserlebnis die Chakren wieder auf ein erträgliches Maß geschlossen haben und frau wieder „alltagstauglich" wird, bleibt etwas. Mich begleitete immer noch lange ein Gefühl der Reinheit, eine tiefe Gelassenheit und ein Ozean des Friedens. Leider übernahm dann irgendwann der systemgesteuerte Stress das Kommando in Form von Geldsorgen, Behördensachen, Zeitdruck, Übermüdung, Beziehungskonflikte, angstauslösende Situationen usw. Doch nach und nach lerne ich immer besser, mit Stresssituationen umzugehen und diesen unendlichen Frieden in mir auf alle Situationen auszudehnen. Also etwas ist geblieben und wächst...

Heute ist mir bewusst, dass viele Menschen längst erwacht sind und dies gar nicht wissen. Sie pflegen weiterhin ihre Gewohnheiten und spulen angelernte emotionale Reaktionsmuster ab. Es gibt ja ausreichend Möglichkeiten, die aufkommenden Depressionen zu unterdrücken. Da diese Informationen nur langsam in die breite Öffentlichkeit einfließen, ist es nicht verwunderlich, dass physische und psychische Veränderungen vom Arzt oder Psychologen als Krankheit diagnostiziert und therapiert werden.

Die Menschwerdung galt in früheren Zeiten als die höchste Form der Kreativität. Auf der physischen Ebene findet die komplexeste Möglichkeit von Schöpfung statt, auf der Seelenebene existiert ein Plan, der in den neuen Körper gebracht wird, damit die Seele Karma abbauen sowie neue Erfahrungen sammeln kann. Auf der geistigen Ebene ist das Leben in dieser Dimension eine von vielen Möglichkeiten der Existenz.

In einem menschlichen Körper geboren zu werden, Erfahrungen zu sammeln oder als ausgelernte Seele Liebe und Mit-gefühl zu verbreiten, ist ein göttliches Geschenk. Geboren zu werden ist in dieser Welt die einzige Möglichkeit handlungs-fähig zu sein.

In fast allen alten Kulturen heißt es, dass, wenn eine Schwangerschaft durch rein sexuelles Interesse entsteht, die Seele des Kindes noch nicht bereit war, wiedergeboren zu werden und vielmehr in den Körper der Mutter „gezogen" wurde. Ein Kind solle immer von den zukünftigen Eltern ge-plant werden. Ich kann dies nicht unterstreichen. Vielleicht ist auch genau das Gegenteil der Fall?

Die Seele jedes meiner Kinder und auch andere Seelen kündigten sich immer bei mir an und „fragten", ob der Zeit-punkt passt. Mein Kopf sagte meist „nein", doch unbewusst spürte ich sechs Mal ein deutliches „Ja". Wahrscheinlich gab es da wohl Absprachen zwischen meiner Seele und denen der Kinder. Rückblickend ist das schwer zu beurteilen. Einige Male wurde ich gefragt und der Zeitpunkt war wirklich noch zu früh. Dann kam die Seele einige Monate später wieder zu mir. Letztendlich habe ich tief in meinem Herzen jede Schwangerschaft als Geschenk empfunden.

Altes Wissen hin oder her, ich glaube eher, in unserer momentanen Zeitqualität ist es wichtig, dass wir Herzens-menschen hier Unterstützung bekommen. Engel, also Lichtwesen können uns in unserem Handeln begleiten, beraten und beschützen, doch auf den Weg in den achten Schöpfungstag bedarf es junger Menschen, die in allen Bereichen der Wirtschaft, der Politik, der Wissenschaft, der Ökologie und der Pädagogik ein neues Fundament legen. Ich sehe, dass gerade jetzt viele, viele Regenbogenkinder Schlange stehen und geboren werden möchten. Und es gibt glücklicherweise immer mehr junge Erwachsene, die mühelos aus alten Strukturen aussteigen, um ihre, unsere gemeinsame Vision von einer besseren Welt zu leben.

Die Menschheit insgesamt hat die Botschaft der Liebe nie vergessen und daher befinden wir uns in einem atemberaubenden Prozess. Alles verändert sich so schnell, dass uns fast die Luft wegbleibt. Ich könnte immer wieder dieses Buch umschreiben, weil aktuell so viel Veränderung geschieht! Doch leider werden Kinder tagtäglich immer noch in Krankenhäusern geboren, weil das Bewusstsein fehlt. Unsere Kinder möchten in diese Welt als Lehrer, Heiler, Wissenschaftler, Techniker, Schriftsteller, Kommunikatoren und Druiden geboren werden, ohne Verlust des Urvertrauens durch die Geburt. Druiden finden übrigens in unserer Zivilisation nur sehr schwer ihren Weg und ihre Berufung. Sie haben meist viele Irrwege hinter sich, bis sie ihrer Bestimmung folgen können.

Ich bete dafür, dass all diese starken Seelen einen leichten Übergang erfahren dürfen und das unendliche Maß an Liebe, welches aus ihren Augen strahlt, schon bald den Planeten überflutet!

Denn die Geburt ist nur der Anfang. Danach kommt auf diese lichtvollen Seelen Untersuchungszwang, Impfzwang, Schulzwang und Diagnosen wie Autismus, ADHS, Entwicklungsstörungen usw. zu. Durch den Stempel, nicht „normal" zu sein, fangen dann viele alte Seelen in jungen Körpern gar nicht erst an, ihren Seelenplan zu leben, da sie sich nicht erinnern.

Eine unzureichende Ernährung, Reizüberflutung, ständiger Streit und Schreierei in der Familie sind eine zusätzliche Belastung.

Mögen diese lichtvollen Seelen geschützt und gesegnet sein, damit die letzten Auswüchse des Patriarchats keinen Schaden mehr anrichten können und diese Kinder trotz aller Gifte, Zwänge, Beurteilungen und Manipulationsversuche ihre Würde bewahren.

KUNDALINI-SHAKTI und ZIRBELDRÜSE
„Sie springt wie ein Affe, kriecht wie eine Schlange oder breitet sich aus wie Millionen Ameisen"

Dieses Thema möchte ich nun extra behandeln. Ja, der Kundalini-Erwachungsprozess kann auch durch Geburten ausgelöst werden, wahrscheinlich ist dies von der Schöpfung sogar gewollt und wird von den patriarchalen Mächten bewusst verhindert.

Ja, die Kundalini ist die weibliche Kraft im Menschen und Nein, Kundalini-Erwachte sind nicht psychisch krank! Vielleicht sind sie zeitweise durchgeknallt, ver-rückt, anders...schließlich heil, ganz, erleuchtet! Heilige zu werden ist unser Geburtsrecht, nicht das Privileg einiger wenigen, die dann von einer bewusst-losen Gefolgschaft angebetet werden.

Du spürst Kundalini als Schlange, wenn eine warme oder sehr warme Energie in dir aufsteigt, begleitet von einem angespannten Zustand im Körper und einer großen Klarheit im Kopf. Sie springt wie ein Affe, wenn du anfängst zu zittern oder zu Zucken, deine Bewegungen schwer kontrollieren kannst und viele unterschiedliche Gedanken, Erinnerungen und Visionen durch den Kopf schießen. Die Millionen Ameisen unter der Haut sind eher unangenehm, oft verbunden mit Schlaflosigkeit, Unruhe und Bewegungsdrang. Der erste Aufstieg der Kundalini wird am stärksten erlebt und wirkt noch lange nach, verbunden mit starken Glücksgefühlen und einem ständigen Lächeln im Gesicht.

Kundalini führt uns zurück ins Paradies, die Schlange führt uns den Baum der Erkenntnis hinauf, egal, ob wir bereit sind oder nicht. Das Brechen der 7 Siegel, die Öffnung der 7 Chakren, der Regenbogenmythos, den wir in fast jeder religiösen, philosophischen oder schamanischen Lehre finden, zeigen uns den Weg nach draußen. Der Eintritt ins Licht wird als Höllentor, als schwarze Nacht der Seele, als Jammertal bezeichnet. Wissenschaftlich gesehen stellt dies die intensivste Reinigung der Chakren und damit der Psyche, des physischen Körpers, des Bewusstseins, des rationalen Denkens (wovon wir uns letztendlich verabschieden müssen) und der emotionalen Muster dar. Leuchtet ja auch irgendwie ein, denn wir gehen ja (normalerweise) auch nicht mit Straßenschuhen ins Bett oder steigen nach einer Dusche wieder in die verschwitzte Unterwäsche.

Dieselben Mächte, die uns Mütter und werdende Mütter so verunsichern und verängstigen und zu kontrollieren versuchen, haben ein starkes Interesse daran, das Kundalini - Erwachen zu blockieren. Lasst es nicht mehr zu, dass man Euch entwürdigt, entmutigt und verängstigt. Die Menschheit braucht das nicht mehr. Der Weg ins Paradies ist frei und niemand wird uns auf Dauer daran hindern können, diesen Weg zu gehen. Dann lässt man/frau der Lady Kundalini am besten ihr Ding durchziehen und gibt sich dem hin, was geschieht. Der Kundalini-Prozess kann einige Jahre bis einige Inkarnationen andauern. Er beginnt meist, wenn in dieser Inkarnation mindestens zwei Komponenten zusammenwirken, es gibt aber auch immer wieder Menschen, die sich plötzlich eindeutig im Kundalini-Erwachen befinden, ohne jemals bewusst mit einem der Auslöser in Kontakt gekommen zu sein. Diese Menschen werden sich wohl in früheren Inkarnationen schon intensiv mit dem Thema Erleuchtung befasst haben.

Je mehr Kundalini-Erwachte sich innerlich wie äußerlich befreien, desto weniger kontrollierbare systemabhängige Marionetten gibt es. Die meisten Menschen befinden sich derzeit in Bewusstseinsprozessen, die durch das Öffnen der Chakren generiert werden und den eigentlichen Kundalini-Prozess vorbereiten. Dagegen werden auf der anderen Seite

111

Gesetze erlassen und Kriege angezettelt, wo die Mehrzahl der Menschheit nur noch den Kopf schüttelt. Corona ist dann wohl die Krönung des ganzen Theaters!

Egal, wie der Einzelne über Verschwörungstheorien oder - praktiken denkt, die globale Manipulation in allen Bereichen wird mehr und mehr sichtbar und beginnt sich im Todeskampf zu winden. Wer gerade damit beginnt, gewollt oder ungewollt, sein Bewusstsein auf allen Ebenen zu öffnen und damit auch die Körperintelligenz freigibt, entdeckt bei sich selbst mehr und mehr tief sitzende Angst-Macht-Konditionierungen. Oft reagiert der Körper mit eigenartigen Symptomen, was die Ärzte dann als psychosomatische Erkrankung einstufen. Auch Diagnosen wie Lyme-Borreliose, EBV, CMS, MK, Haschimoto und Burnout sind sehr beliebt. Die neue Medizin nach Dr. Hamer zeigt uns, dass all diese Symptome von selbst verschwinden, wenn wir uns an den Auslöser erinnern. Das Festlegen auf Diagnosen und Therapien wird damit überflüssig. Im Kundalini Erwachen erkennen wir die Wirklichkeit. Wir erwachen aus der Matrix und erkennen, dass nichts von dem, was uns als Allgemeinwissen erzählt wurde, stimmt. Aber es nützt auch nichts, weiterhin an Lügen zu glauben, einer erwachten Seele ist dies irgendwann zu langweilig, und sie wird den Körper verlassen. Und dann? Ein seelenloser Körper wird vom Ego regiert, kann eine ganze Weile noch funktionieren und beginnt früh zu altern. Die Luft ist raus, weil die Seele raus ist. Kleine Kinder können übrigens sehr gut Herzens-Menschen von Zombies unterscheiden. Letztere bereiten ihnen Angst, doch wenn ein Herzens-Mensch sich gerade in emotionalen, psychischen und körperlichen (Heil)Krisen befindet, sehen Kinder auch dies und stellen fest: Dieser Mensch ist grade sehr gestresst, ich schenke ihm mal Blumen oder male ein Bild. Oft weiß man in dieser Zeit des Wandels nicht, wo oben und unten ist und orientiert sich lieber am Gewohnten. Das ist auch völlig normal, menschlich und ungefährlich, solange man offen und präsent bleibt für das, was gerade geschieht - bewertungsfrei und am besten mit der inneren Haltung: Ich hab zwar keine vernünftige Erklärung dafür, aber ich entscheide mich zu vertrauen...denn die weibliche Kraft ist nicht intellektuell erklärbar. Doch in dieser jetzigen Menschheitsphase ist sie notwendig - die Not auf diesem Planeten wird endlich abgewendet, indem immer mehr lichtvolle Seelchen hier ankommen.

Wenn deine Kundalini beginnt, sich vom Wurzelchakra nach oben zu bewegen, löst sich in deinem Bewusstsein die Matrix mehr und mehr auf und Du wirst neu geboren. Wenn Du dich dagegen wehrst und im patriarchalen Angstsystem bleiben willst, kannst Du zwar die blaue statt die rote Pille nehmen und bleibst in der Matrix, doch deiner Kundalini ist dies egal. Das sollte man wissen.

Kundalini beginnt zu erwachen, wenn Du
- mit psychoaktiven Pflanzen experimentierst (LSD, DMT, THC in großen Mengen)
- spirituelle Praktiken ausübst (Meditation, Atmen, intensives Beten)
- intensivste sexuelle Orgasmen erlebst (durch tantrische Praktiken herbeigeführt oder „zufällig")
- eine Nahtoderfahrung erlebt hast
- häufig in Ekstase bist (Tanz, Trommeln, Sport, Sex)

oder als Frau
- eine natürliche Geburt erlebst (hier kommt ja alles zusammen, Atmung, psychoaktive Hormone, Ekstase und orgiastische Zustände bis zum Nahtod).

Es wurde beobachtet, dass mindestens zwei dieser Komponenten, die sich natürlich meist vermischen, zusammenwirken, um Kundalini zu erwecken.

Es scheint auch eine Rolle zu spielen, wie hingebungsvoll, bewusst, achtsam und angstfrei wir in diese Prozesse hineingehen.

Der Glaube an eine höhere Kraft, die alle Wesen miteinander verbindet (Gott, Göttin, Quelle, Licht-Liebe, Nirwana etc.) scheint den Kundalini-Prozess ebenso zu beeinflussen.

Während einer Geburt muss sich ja das Wurzelchakra öffnen, damit physisch eine optimale Öffnung stattfinden kann. Im Grunde spielen alle Chakren bei einer Geburt eine wichtige Rolle. Natürlich werden dabei Blockaden und damit Verkrampfungen und Ängste hochgespült. Fast jeder Mensch hat durch selbst erlebtes Geburtstrauma, durch sexuellen Missbrauch oder frühe Trennungen, Schocks etc. das Urvertrauen verloren. Das ist ja das Dilemma. Umso wichtiger ist eine vertrauensvolle, liebevolle Umgebung während der Geburt.

Die aufsteigende Kundalini verbindet sich mit der absteigenden Lichtenergie und steigert das Bewusstsein, die Sinne und die körperliche Vitalität um ein Vielfaches. Die Bewusstseinsprozesse finden auf der physischen Ebene in der Zirbeldrüse statt.

Das „dritte Auge", die Zirbeldrüse

Ich möchte hier ein wichtiges Thema einfügen, welches noch weitgehend unbekannt ist, die Zirbeldrüse, auch als Drittes Auge bekannt oder der Sitz der Seele.

Die Zirbeldrüse, auch Hypothalamus, hat als Kommandozentrale im Gehirn und damit über den Körper weit mehr Aufgaben und Funktionen als eine höhere Wahrnehmung. Vielleicht hat sie gerade deshalb einen eher mystischen Ruf bekommen, womit viele Menschen sich gar nicht identifizieren möchten.

Als winziges Organ von der Form eines Zirbelkieferzapfens liegt sie etwa in der Mitte des Kopfes eingebettet in Gehirnmasse. Von ihr gehen zahlreiche Nervenbahnen in die verschiedenen Gehirnbereiche und in die Wirbelsäule aus.

Sie kontrolliert und überwacht im Normalfall alle hormonellen Vorgänge im Körper, dient als Verbindung zwischen Gedanken- und Gefühlswelten und leitet Signale weiter, z.B. bei vermeintlicher Gefahr an die Nebennieren (Adrenalin) und das sog. Reptiliengehirn, den Hirnstamm, in dem die Urinstinkte wie Flucht oder Angriff ihren Platz haben.

Weiterhin ist die Zirbeldrüse an der Heilung des Körpers und der ständigen Reparatur der DNA interessiert. Darüber hinaus ist sie ständig bemüht, aus Serotonin und Melatonin DMT und Pinoline herzustellen. Dieses sind bewusstseinserweiternde Stoffe. Offenbar ist das Leben im menschlichen Körper dazu geplant gewesen, Erleuchtung und allumfassende Liebe zu erfahren und weiterzuentwickeln.

Es gibt wissenschaftliche Untersuchungsreihen, die bestätigen, dass die Gehirne von Neugeborenen einen sehr hohen DMT-Gehalt aufweisen. Wir werden also alle mit einem erweiterten Bewusstsein geboren! Dies ist also unser Normalzustand.

Mit ca. 8 Jahren ist dann der DMT-Spiegel auf ein niederes Niveau abgesackt.

Man nimmt an, dass in diesem Alter das Kind schon viele schmerzvolle Erfahrungen erlebt hat. Gleichzeitig entstand im Ego nach und nach die Überzeugung, wir existierten alle getrennt voneinander. In indigenen Gemeinschaften wie z.B. bei den Aborigines oder den Ubuntu-Gemeinschaften in Afrika ist dies nicht der Fall, da Kindern dort von Geburt an Empathie und Wir-Gefühl vermittelt wird. Das Ego bildet sich zwar auch bei den Naturvölkern heraus, doch ist oder war diesen Menschen bewusst, dass das Ego nur ein

Werkzeug ist, welches der Seele dient und nicht umgekehrt.

Bei allen Grenzerfahrungen, die jenseits des Alltags- oder Egobewusstsein liegen, wird normalerweise DMT synthetisiert. Also folglich in allen Situationen, in denen das Ego „stirbt" bzw. losgelassen werden muss, weil das, was gerade geschieht, nicht intellektuell erfassbar ist.

Dazu gehören alle ekstatischen Zustände einschließlich Geburt und Sterben. Nur mal so am Rande, falls ein Mensch mit voll ausgebildeter Zirbeldrüse von dieser Welt geht, geht er mit einem hohen oder sehr hohen DMT-Spiegel hinüber, in allumfassender Weisheit, universeller Liebe, schmerzfrei und glücklich. Das gleiche geschieht normalerweise und im Idealfall bei der Geburt.

Doch warum geht so vieles schief, warum gebären wir Frauen nicht schmerzfrei und angstfrei und in purer glücklicher Ekstase??

Weil die Zirbeldrüse bei fast allen Menschen blockiert, verkümmert oder/und verkalkt ist und das oft schon ab dem Kindesalter. Mich persönlich interessiert es sehr, ob angstfreie Kulturen eine funktionsfähige Zirbeldrüse besitzen, also die Verbindung von Körper, Geist und Seele sowie der spirituellen Ebene intakt ist. Es gibt immer noch wenige Nachfahren des Jaguar-Kultes in Südamerika, deren wichtigste Regel darin bestand, Angst zu vermeiden. Angst war die einzige Krankheit, welche diese Menschen kannten und die sofort behandelt wurde. Angst war Gift, denn Angst zieht immer Emotionen nach sich. Aus Emotionen werden Muster, Programme, Konditionierungen, die das Handeln des Menschen negativ beeinflussen. Gefühle hingegen sind frei, denn sie kommen direkt aus der Seele, ohne durch angstbesetzte Gedankenkräfte festgehalten und verzerrt zu werden. „Aus Angst wird Zorn, aus Zorn wird Hass und Hass bringt unsägliches Leid", sagte schon Yoda in Star Wars.

Was die Zirbeldrüse verkümmern lässt und die Produktion von DMT und den Pinolinen, (das sind übrigens Tetrahydrogene, Verwandte des Tetrahydrocannabinol, kurz THC) verhindert, zähle ich jetzt auf:

- Ängste und deren Konditionierungen
- starkes Ego-Bewusstsein
- alle künstlichen (technischen) Frequenzen
- Ernährungsgewohnheiten
- Chemie in Nahrungsmitteln, Medikamenten, Chemtrails
- künstliches Licht, Bildschirme
- Stress und Schlafmangel

Ängste: jeder kennt es, ein Gedanke und schon folgt die Angst, die Schuld, die Einsamkeit, Neid, Eifersucht...was auch immer. Es ist ein Programm. Der Arzt deutet irgendetwas Schlimmes an und schon überfällt einem Todesangst oder zumindest Angst vor der Zukunft, Angst, nie mehr wieder richtig gesund sein zu können, dann folgen Schuldgefühle, Versagensängste, Stress, Verlustangst und Eifersucht, da man nicht mehr gut genug für den Partner sein könnte usw.

Ego: Um dieses Beispiel mal weiterzuspinnen, beginnt an dieser Stelle das Ego den Kampf: es kämpft gegen den Arzt, den Partner oder Partnerin, die Mutter, die nur beruhigen möchte, den Freundeskreis oder Arbeitskollegen, die doch lediglich Anteilnahme zeigen. Das Ego funktioniert nur in Konditionierungen, es kann nicht anders. Die leise innere Stimme wird oftmals gar nicht gehört.

Künstliche Frequenzen: Hiermit sind alle unnatürlichen

Schwingungen gemeint wie Elektrosmog, Handystrahlen, Mikrowellen, Röntgenstrahlen, Ultraschall (!), Radioaktivität usw.

Diese schwingen nicht in runden Wellenbewegungen, sondern eher in Spitzen und Zacken. Dies stört empfindlich die natürlichen Grundschwingungen allen organischen Lebens. Auch wenn wir es nicht merken! Dies ist die Hauptursache für die Freien Radikalen und zahlreiche Schäden an der DNA.

Zu unserem Beispiel: Ein Ego in Angstzuständen wird durch diese Frequenzen „genährt", d.h. die Überzeugung, man hätte eine schlimme Krankheit bewahrheitet sich schließlich, da der natürliche Schutzmechanismus der Zirbeldrüse immer weiter nachlässt. Es ist kein Serotonin mehr vorhanden, sodass keine bewusstseinserweiternde Stoffe mehr gebildet werden können. Damit haben die Freien Radikalen im Körper freie Bahn. Die Zirbeldrüse schafft ihre Reparatur und Wartung des Körpers nicht mehr.

Schließlich wird ein Tumor diagnostiziert, aber er könnte ja auch gutartig sein. Das Ego glaubt dies nicht, denn „bei dem Pech, welches ich im Leben immer hatte..."

Die Angst wird dann mit allerlei Konsum weggedrückt. Was die Zirbeldrüse an ihrer Arbeit hindert, sind Alkohol, alle tierischen Produkte (ist leider so, die Seele ist nun mal zu friedlich, um Tiere zu missbrauchen), Industrieprodukte, die entmineralisiert wurden und fast immer raffinierten Zucker sowie Milchzucker enthalten, gesättigte Fettsäuren, fluoriertes Salz und übermäßig Koffein und Nikotin.

Chemie:
nun kommen nach der ärztlichen Diagnose die Medikamente ins Spiel. Fast jedes Medikament einschließlich aller

Impfpräparate enthalten entweder Fluorid, Aluminium oder Quecksilber bzw. alles zusammen. Diese drei Stoffe sowie noch zusätzliche Schwermetalle überwinden die Blut-Hirn-schranke, obwohl diese Stoffe nichts im Gehirn zu suchen haben. (Warum das so ist, weiß ich nicht, das steht bestimmt in irgendeinem Buch über Verschwörungstheorien.) Jedenfalls ist bekannt, dass Fluorid, Schwermetalle und vor allem Aluminium als Auslöser für Demenz gelten - weil diese Stoffe die Zirbeldrüse verkalken lassen, sodass diese verkümmert. Wenn diese dann ganz tot ist, also buchstäblich ihren Geist aufgegeben hat, hat die Seele wahrscheinlich schon den Körper verlassen und der Mensch mutiert zum Zombie. Niemanden fällt es auf, da ein seelenloser Mensch ja noch gut alle Ego-Programme und erlernten Denk-, Fühl - und Handlungsmuster ausleben kann. In unserer Gesellschaft ist ja die Funktionalität das Wichtigste, daher fallen die Zombies nicht auf. Es fallen eher die bewussten Menschen auf, die sich nicht mehr von dem Angst- und Kontrollsystem beherrschen lassen.

Neben Medikamenten finden sich diese chemischen Stoffe in unserer Atmosphäre, Atemluft, Trinkwasser. Das Aluminium in der Luft blendet und schädigt dazu noch die Augen. Überhaupt kann eine verkalkte Zirbeldrüse keine klaren Sinneswahrnehmungen mehr generieren, d.h. alle Sinne schwächen sich ab, der Mensch stumpft ab im wahrsten Sinne des Wortes.

In unserem Beispiel wird nun aus einem gutartigen ein bösartiger Tumor und die Chemotherapie steht an.

Künstliches Licht:
Um sich abzulenken und noch etwas Spaß am Leben zu haben, sitzt der Krebspatient, wann immer es geht, am Computer, um zu spielen, oft bis in die frühen Morgenstunden.

Schließlich ist er ja krankgeschrieben, hat soviel Zeit, wie noch nie zuvor und überhaupt...was solls, der Arzt hat ja gesagt, der Krebs würde sich rasend schnell ausbreiten, da kann man nichts machen...

Da die Zirbeldrüse auch als das dritte Auge bezeichnet wird, trägt das künstliche Licht nicht gerade zur Aktivierung des Hellsehens bei.

Stress und Schlafmangel:

An dieser Stelle wäre in unserem Beispiel immer noch eine Umkehr möglich. Ein Entgiften der Zirbeldrüse und damit eine bescheidene Produktion von Serotonin, Melatonin und DMT könnten noch einiges umkehren. Wenn unser Patient plötzlich beginnen würde zu meditieren, sich täglich in der Natur aufzuhalten, spirituelle Bücher zu lesen bzw. Hörbücher mit geschlossenen Augen zu hören und sich ausschließlich von Früchten und Quellwasser ernähren würde, dann könnte eine „Wunderheilung " geschehen. Dies gab es ja schon häufig, wenn plötzlich ein tödlich erkrankter Mensch einen Sinneswandel erlebt hat. Dieser Wandel oder plötzlicher Quantensprung ist nämlich jederzeit möglich, besonders im Angesicht des Todes.

Denn nun sind wir in unserem Beispiel bei dem Faktor Stress angelangt. Stress und Schlafmangel mag die Zirbeldrüse überhaupt nicht. Ihre Nahrung ist körperliche Ruhe, Melatonin, welches am ehesten in völliger Dunkelheit aus Serotonin gebildet wird, Fantasie, Träume, Farben, Achtsamkeit, Hingabe und Gegenwärtigkeit.

Stress entsteht, wenn ich die vielen Eindrücke, Wahrnehmungen und Gedankenkarusselle nicht mehr verarbeiten kann, d.h. kein Ausgleich in Ruhe, Meditation oder Schlaf stattfindet.

Oft findet während einer schweren Krankheit genau an diesem Punkt die Umkehr statt.

Dem Wunsch der Seele nach Ruhe, Hingabe, Gedankenlosigkeit, Entspannung und Loslassen, gemischt mit der Entscheidung: Einen Scheiß muss ich! wird nun endlich nachgegeben und der Mensch erkennt, dass er seine Lebens- und Denkgewohnheiten ruhig ändern oder sogar auf den Kopf stellen darf und dass es keinen strafenden Gott gibt. Die Zirbeldrüse darf dann heilen und vielleicht trifft das Ego des Menschen sogar die Entscheidung, der Seele zu folgen, die da bisher immer im Hintergrund gesessen und still geweint hat. Denn wir leben nicht, um uns vom Ego bzw. den Egos unserer Vorgesetzten, Politikern, Industriebosse usw. beherrschen zu lassen, sondern wir sind Seele, die in einem Körper wohnt, um in dieser Welt zu lernen, zu lehren und zu lieben. So einfach!

Ich hätte jetzt auch noch ganz andere Beispiele bringen können, aber diese erschien mir am ehesten das zu verdeutlichen, worauf es mir ankommt.

Zum Glück gibt es das MAO, die Monoaminooxidase, ein spezielles Enzym, welches giftige Substanzen im Gehirn abbaut. Es wird in den Neuronen gebildet. Das DMT ist auch ein Neurotransmitter, leider beseitigt das MAO auch das DMT, welches die Zirbeldrüse synthetisiert. Doch die Hemmung des DMTs wird auch wieder kontrolliert und kurzfristig blockiert durch MAO-Hemmer. Die Pinoline hemmen überschüssiges MAO und verhindern den Abbau von Serotonin und DMT, damit MAO weiterhin die Zirbeldrüse von Giften reinigt. Das ist also ein schönes Zusammenspiel. Ein genialer Zug der Schöpfung. Die Pinoline aus der Gruppe der Tetrahydrogene werden aus dem Serotonin gebildet, erneuern Körperzellen, beseitigen Krebszellen und Parasiten und reinigen die Zirbeldrüse von Schwermetallen. Gleiches wird auch Algen und Hanf zugeschrieben.

Wie können wir unsere Zirbeldrüse aktivieren angesichts

der vielen Gefahren, die da lauern?

Indem wir bunte Farben visualisieren, besonders violett, blau und grün, die Farben der oberen Chakren. Indem wir Freude und Glück visualisieren, Situationen malen, die von Liebe geprägt sind, uns eine schöne Welt vorstellen, unsere ganze Fantasie auf schöne Dinge richten. Das fördert das DMT.

Weiterhin sollte man Fluoride meiden bzw. alles, was Fluorid enthält strikt weglassen, also Zahnpasta, Salz, Antibiotika (der Wortstamm „flox").

Man kann Mineralerde mit Bindefähigkeit für Toxine einnehmen, die Leber entgiften, den Darm reinigen, sich mit Chlorella Algen und Hanfprodukten von Schwermetallen und radioaktiven Stoffen befreien und mindestens 2,5 l Quellwasser oder energetisiertes, gereinigtes Leitungswasser trinken. Über eine vegane Ernährung und darüber hinaus eine tierleidfreie einfache Lebensweise freut sich nicht nur die Zirbeldrüse. Wenn man ab 20.00 auf keinen Bildschirm mehr schaut und das Internet ausschaltet und um 22.00 Uhr schlafen geht, erleichtert das ungemein die Reinigungsarbeit der Zirbeldrüse, die der Körper ohnehin immer wieder anstrebt.

Vor dem Einschlafen kann man schöne Dinge visualisieren, bunte Farben erträumen, meditieren, spazieren gehen oder sich künstlerisch betätigen. 432 Hertz Musik hat die Eigenschaft, beide Gehirnhälften zu verbinden. Der Schlafplatz sollte frei sein von Elektrosmog, Handystrahlen und Internet. Ein Headset beim Telefonieren zu benutzen vermindert übrigens nicht die Handystrahlung.

Ganz wichtig ist es positiv zu denken, auch wenn es einem zunächst albern vorkommt. Sobald ein negativer Gedanke aufkommt, kann man immer eine positive Affirmation dagegenhalten, dann schwächen sich die dunklen Filme im Kopf ab bzw. haben keine Energie mehr. Wir sind der Schöpfer unseres Universums und schöpfen unsere eigene Welt mit unseren Gedanken. Das nennt man auch geistige Hygiene. Achtet auf eure Gedanken, denn sie werden Wirklichkeit!

Auch das Verfolgen negativer Nachrichten sollte man sehr diszipliniert und so unemotional wie möglich angehen. Sich jeden Tag in der Natur aufzuhalten, am besten im Wald und zwar mindestens für eine halbe Stunde, reinigt nicht nur die Gedanken und die Zirbeldrüse, sondern wirkt sich allgemein auf Körper, Geist und Seele positiv aus.

Fluorid verändert Enzyme, was dann Autoimmunerkrankungen fördert.

Wenn die Zirbeldrüse verstopft ist oder Fehlfunktionen aufweist, entstehen auch Krankheiten wie Haschimoto, eine Autoimmunerkrankung durch die Schilddrüse. Statt lebenslänglich Medikamente mit Nebenwirkungen einzunehmen, kann man sich lieber um die Zirbeldrüse kümmern.

Fluor ist ein beliebtes Begleitmittel in Impfstoffen. Kriegsgefangenen und Soldaten wurden gerne Fluorid verabreicht, um sie zu Befehlsempfängern zu machen. Nach neuesten Forschungsergebnissen in Indien steht nun fest, dass Fluor den Menschen willenlos und dumm macht. Es wirkt außerdem anti-psychoaktiv, d.h. es hemmt die Bewusstseinserweiterung.

Unsere Zirbeldrüse enthält heutzutage mehr Fluorid als jedes andere Gewebe im Körper, dabei hat dieses Gift generell nichts im Kopf zu suchen.

Doch positive Gedanken, Affirmationen, Gebete, Meditation und Visualisierungen wirken stärker als jede Vergiftung.

Ich kann hier die Bücher von Anthony Williams empfehlen. Sie enthalten viele Ernährungsstrategien und einfache Entgiftungskuren ohne Quälerei, um nicht nur die Zirbeldrüse zu reinigen, sondern den gesamten Körper über die Ernährung zu entgiften und neu aufzubauen. Damit verschwinden dann auch alle Zivilisationskrankheiten aus dem Körper.

Wenn die Zirbeldrüse befreit ist und Kundalini aktiviert, kann die Lebenskraft aus den unteren Chakren sich mit der Energie aus den geöffneten oberen Chakren verbinden. Wir erinnern uns dann ganz, wer wir sind!
Durch eine natürliche Geburt erlebt eine bewusste Mutter diesen ganzen Prozess im Schnelldurchgang..

Zum Thema Angst möchte ich an dieser Stelle noch etwas zum Coronahype nachtragen.
An dieser Massenhysterie, die der Corona-Virus ausgelöst hat, sehen wir ein letztes Aufbäumen der patriarchalen Mächte.
Da gibt es einen Grippevirus. Es mutieren jedes Jahr neue Grippeviren. Manchmal wurde schon eine Epidemie ausgerufen. Manchmal wurde ein neuer Impfstoff entwickelt. Schon immer sind Menschen mit Vorerkrankungen oder chronischen Erkrankungen an Grippe gestorben. Ein Mensch stirbt eher, wenn er Angst vor dem Tode hat, als ein fröhlicher, schöpferischer, sportlicher, kontaktfreudiger Mensch.
Die ersten Quellen berichteten aus China, dieser Virus sei sehr gefährlich.
Dann wurde von Wissenschaftlern und Ärzten erklärt, es sei ein harmloser Virus, die Statistik sei gefälscht.
Dazwischen kursierten Meldungen wie: Corona und 5G, wenn beides zusammenkommt wie in China und Italien, bekommen die Menschen keinen Sauerstoff mehr und ersticken.
Die Menschheit solle ausgelöscht werden, daher trete nun der letzte Schritt der NWO (Neue Welt Ordnung) in Kraft, bevor wir alle zu technisierten, gechippten, willenlosen Marionetten mutieren. Die jetzt bestehenden sozialen und wirtschaftlichen Systeme sowie Herzensmenschen werden dafür nicht länger gebraucht.

Dann kamen immerhin auch mal positive Meldungen, Aufrufe zu Meditationen und Mutmacherzeilen. Die Pandemie Verordnungen hätten doch auch ihre guten Seiten. Menschen kämen bei sich an, soziale Kontakte könnten wenigstens virtuell aufgebaut und gepflegt werden, die Natur erhole sich mit überraschender Geschwindigkeit und wir hätten plötzlich mehr Zeit zu meditieren, Bücher zu lesen und unser Bewusstsein zu erweitern.

Was ist nun richtig?

Sich darüber zu streiten, welche Meldung die einzig Richtige ist, würde uns Menschen schon wieder teilen und trennen wie es zu allen Themen des Weltgeschehens war und ist. Doch nun wird es wichtiger, dass mehr Menschen sich für den Frieden entscheiden. Und jeder, der dieses Ziel im Bewusstsein trägt, lässt sich auch nicht mehr auf irgendwelche Corona- Diskussionen ein. Ich selbst bete für die Seele in jedem Menschen, der mir mit Angst entgegen tritt und mir vorschreiben will, wie ich mich verhalten soll.

Jede Meinung zu diesem Thema ist richtig, je nach Bewusstsein. Doch jeder Mensch ist irgendwann auch bereit, zu vertrauen, nachdem er die vielen Stufen des Zweifelns und der Angst durchlebt hat. Dann vertraut mensch dem göttlichen Plan, dann begibt er sich in den Flow. Und der ist gerade sehr langsam und das ist doch etwas sehr Schönes. Endlich können wir entschleunigen. Wenn auch fremdbestimmt. Aber ich schaue lieber nach vorne und visualisiere, wie es weitergehen könnte. Und da ist sie, die Welt von morgen, die schon vor uns liegt. Wir müssen nur mal hinschauen.

Und dann wandelt sich Vertrauen in Liebe und wir finden die Idee komisch, vor Krankheiten Angst haben zu müssen. Dann ist das Niveau in unserem Körper so gestiegen, dass Viren und Bakterien eher freundschaftliche Symbiosen mit uns eingehen und uns nie wieder Schaden zufügen können.

Nach der Neuen Medizin von Dr. Hamer sind die Mikroben unsere Verbündeten auf dem Weg der Heilung. Pandemien haben immer ein kollektives Thema als Auslöser. Der Virus übernimmt dabei die Rolle des Aktivators. Daher geht es generell bei Mikroben gar nicht um „Ansteckung", sondern um Resonanz. Und daher kann man sich auch nicht mit einem Mundschutz, mit Quarantäne oder Ausgangssperre vor einer Infizierung schützen. Ein Virus wird durch unsere Angst aktiviert, wenn wir zu diesem bestimmten Thema, welches mit dem Virus in Verbindung steht, mentale Heilung benötigen. Alle Lebewesen auf diesem Planeten leben symbiotisch mit Mikroben zusammen! Das bedeutet, jeder Mensch wird von Viren, Bakterien und Pilzen bewohnt. Immer wenn ein Thema geheilt werden möchte, wird also das dazugehörige Mikroorganismus aktiviert. Im Falle des Covid-19 wird es wohl mit dem Herzchakra und dem Atmen zusammenhängen. Todesangst, Existenzangst und Weltuntergangsstimmungen werden ja schon länger von den Medien gehypt.

Liebe Deinen Nächsten wie Dich Selbst - Liebe Deine Viren wie Dich Selbst !

Diesen Satz muss man erst lernen zu verstehen. Dann eröffnen sich uns viele neue Möglichkeiten des Denkens, des Fühlens und des Handelns.

„Füge keinem Lebewesen Schaden zu, weder in Taten, noch in Worten oder Gedanken"...ja, so würde das globale Bewusstsein ohne bewertende und trennende Gedanken und Worte viel schneller ansteigen.

Ob Thema Geburt oder Thema Grippe, es gibt da sehr viele Parallelen. Die Botschaft lautet:
Angst oder Liebe – Du hast immer wieder die Wahl!

FRAUEN
(von mir empfangen im Sommer 2018)

Lasst uns unsere Energien verbinden und ausstrahlen in die Welt!
Möge unsere Schöpfungskraft fließen!
Wir sind noch nicht bereit!
Wir haben noch - eine jede für sich – zu viel aufzuarbeiten.
Zuviel ist geschehen im Zeitalter der Unterdrückung, des Missbrauchs und der Vergewaltigungen.
Aus Angst wurde Wut und Hass auf die Männer, die jedoch ebenfalls unterdrückt wurden.
Aus Gewalt wurde Trauer.
Aus Angst, Wut und Trauer wurde Eifersucht.
So vergleichen wir uns ständig und konkurrieren miteinander!
Wir unterdrücken unsere Angst – Angst vor der Liebe, die uns alle umgibt und heilt.
Beherrscht, besessen und missbraucht von Soldaten, die ebenso der Angst, der Wut, der Trauer und der Eifersucht zum Opfer fielen.
Wir Frauen sind die Blumen dieser Welt, doch wer gießt uns?
Soldaten tragen Gewehre, keine Gießkannen.
So welken wir dahin wie Mutter Erde.
Lasst uns den Kreislauf auflösen und zur Spirale werden!
Lasst uns nach vorn schauen, uns verbinden und gegenseitig unsere Seelen heilen.
Aus Soldaten werden Gärtner und sie möchten uns gerne gießen, damit wir wieder zu voller Schönheit erblühen.
Vergeben wir uns selbst unsere Wut, unsere Angst, unsere Trauer und das Besitzen wollen - dann steigen wir aus aus der Abwärtsspirale des Leids, der Einsamkeit und der Angst vor der Liebe.
So schöpfen wir gemeinsam neue Friedensprojekte, ein neues

Zusammenleben, eine neue Welt für unsere Kinder und Kindeskinder. Gleich Mata Lakshmi strahlen wir Schönheit und Liebe aus.

Und aus Soldaten werden Gärtner, die in Kontakt mit ihrer Seele unsere Seelen berühren und konstruktive Ideen in diese Welt bringen, auf dass wir Frauen diese gebären.

Wir sind geschützt und gestärkt durch die männliche Kraft im Körper und im Geist, durch die Fröhlichkeit, den Mut und die Liebe der transformierten Männer.

Die Reise beginnt, indem wir Frauen miteinander Frieden schließen und alles Vergangene gemeinsam überwinden, nicht jede für sich, denn dazu fehlt es an Kraft.

So lasst uns gemeinsam tanzen, lachen, Ideen kochen und Kräuter sammeln!

Lasst uns von geheilten Männerherzen inspirieren und befruchten!

Lasst uns an die Fülle der Lakshmi in unseren Herzen glauben, so transzendieren wir die Angst und die Schmerzen, die Wut und die Konkurrenz.

So werden wir wieder die Heilerinnen, die Hüterinnen, die Magierinnen, die wir immer waren und sind und sein werden.

So werden wir frei und können wieder füreinander, miteinander in dieser Welt heilen, nähren, hüten, umwandeln und Liebe verschenken – bis alle Wesen dieser Welt aus den patriarchalen Programmen befreit sind.

Wir Frauen sind die Befreierinnen.

Und aus Soldaten werden geistesbewusste Druiden, fröhliche Barden, die mit ihren Klängen neue Impulse in die Welt zaubern, inspirierende Künstler und Administratoren der neuen Friedenskultur.

Es liegt an uns, an uns Frauen!

Schließen wir also Frieden mit uns selbst, unserem Körper, unserer Seele, unseren vielen Vergangenheiten!

Besinnen wir uns auf das, was wir sind – Schöpferinnen, Gebärende, Göttinnen.

Lasst uns vergeben und die Liebe der göttlichen Mutter kann uns wieder nähren!

Lasst uns gemeinsam schöpfen und die neue Welt gebären, wenn nicht wir Frauen, wer dann?

Wenn die neue Welt durch uns alle gemeinsam geboren wurde, wird der Schmerz aufhören und das Spirit-Kind kann in diese Welt kommen!

SEXUALITÄT, BEZIEHUNG, VATERSCHAFT
„Vater werden ist nicht schwer, Vater sein dagegen sehr"

Die einen Kinder sind geplant, die anderen nicht, manche sind sehnsüchtig herbeigesehnte Wunschkinder, manche werden nach einigem Zögern willkommen geheißen, wenn sie sich ankündigen. Viele Schwangerschaften werden aus Unsicherheiten und „Vernunft"- Gründen abgelehnt oder gar abgebrochen.

Eine ungeplante Schwangerschaft kann für tiefe innere Prozesse und äußere Konflikte sorgen. Wie auch immer sich die werdenden Eltern entscheiden, eine zufällige Schwangerschaft kann als sehr belastend empfunden werden.

Gerade für den werdenden Vater bietet sich eine Chance zur Weiterentwicklung, wie er sie vielleicht nicht noch einmal im Leben finden wird.

Ich nehme mal das krasseste Beispiel, weil es doch häufig passiert:

Ein Mann lernt eine Frau kennen, es kommt zum Sex. Für ihn ist es in dem Moment nur wichtig, die Frau zu erobern, sich sexuell zu erleichtern und sich einige Tage gut zu fühlen. Die Verhütungsfrage wird nicht geklärt und die Frau wird schwanger. Es muss also ein Moment der tiefen Liebe stattgefunden haben, denn sonst fehlen die Hormone, die die Verschmelzung von Ei- und Samenzelle erst ermöglichen. Es gibt ja auch Schwangerschaften trotz Pille oder Spirale oder das Kondom platzt usw.

Die Seele des Kindes hat diese Verbindung geschaffen, weil es sich diese Eltern ausgesucht hat.

Männer neigen ja bekanntlich eher dazu, ihre Gefühle nicht wahrnehmen zu wollen, Frauen können oft nicht zu ihren Gefühlen stehen, weil sie sich nicht lächerlich machen wollen.

Früher musste ein Paar dann heiraten, was zu viel Leid geführt hat. Daher möchten heute viele Menschen lieber ihre „Freiheit" behalten oder warten weiter auf die „Richtige", den „Richtigen".

Manchmal entwickelt sich aus so einem One-night-stand mit Folgen noch eine Beziehung, die wenigstens die ersten Jahre überdauert, manchmal bekennt sich das Paar zu seiner gegenseitigen Liebe und es entstehen noch weitere Kinder aus dieser Verbindung.

Oft entzieht sich der Mann seiner Verantwortung und die Mutter zieht das Kind alleine groß. Damit entgeht dem werdenden Vater eine große Chance, sich weiterzuentwickeln und er muss diese Erfahrungen auf anderem Wege durchleben oder viele Irrwege beschreiten.

Dem Kind wird auf jeden Fall der leibliche Vater fehlen!

Ich kenne auch Eltern, die sich einvernehmlich entschieden haben, dass der Vater das Kind regelmäßig besucht oder zeitweise bei sich wohnen lässt, weil die Eltern nicht zusammenleben möchten. Für den Ablauf der Schwangerschaft und der Geburt ist es für die werdende Mutter immens wichtig, Klarheit darüber zu haben, ob sie mit dem Vater eine Beziehung führen möchte und wenn ja, wie. Hierbei ist eine klare Kommunikation das Wichtigste. Ständige Konflikte, Streitereien und eine dramatische Trennung können eine Schwangerschaft zum Alptraum werden lassen.

Für Männer, die sich trauen, die Herausforderung Vater zu werden, anzunehmen, bedeutet dies die größte Persönlichkeitsentfaltung im Leben. Egal, ob schon eine Beziehung bestand oder sich entwickelt, egal, ob die werdenden Eltern zusammenleben oder nicht, wenn der Mann sein Flucht- und Jagdverhalten überwinden kann und sich ganz den Veränderungen hingibt, wird er immer neue schöne Facetten der sich entwickelnden Weiblichkeit der werdenden Mutter entdecken. Seiner Frau ganz beizustehen, sie so anzunehmen, wie sie ist, ihr Kraft zu geben, Aufmerksamkeit zu schenken und mit ihr gemeinsam die Geburt zu besprechen, dies alles lässt einen Mann erst wirklich männlich werden. Alles andere ist Fluchtverhalten unter dem Deckmantel „ich fühle mich noch nicht bereit dazu" oder „Ich will mich nicht binden".

Jahrhundertelang gab es Zwangsehen und es ist nur verständlich, dass Männer darunter mehr gelitten haben als Frauen, da es evolutionsgeschichtlich mehr in ihrer Natur lag, umherzuziehen. Doch von den früheren Matriarchaten, als die Menschen noch in Gemeinschaften lebten, ist bekannt, dass ein Mann, der ein Kind gezeugt hatte, einige Zeit bei der Frau blieb, bis er weiterzog.

Ich weiß von vielen Vätern, die ihre Aufgabe nach einigem Zögern angenommen haben, dass durch die Geburt die Achtung vor der inneren Kraft der Frau und die Liebe zu ihr gewachsen sind. Dann der enorme Stolz, bei der Geburt unterstützend dabei gewesen zu sein, das tolle Baby Freunden und Verwandten zu präsentieren und dem Kind die Welt oder zumindest Teile davon zeigen zu können! Die anderen Frauen, die Karriere, das Traumauto - das ist plötzlich alles nicht mehr wichtig. Das Leben des Mannes hat plötzlich einen tieferen Sinn, auch wenn er sich seinen patriarchalen Strukturen stellen muss, sogar gefühlvoller und empathischer wird, wovor viele Männer sich ja fürchten. Doch es lohnt sich wirklich! Und wenn die Frau zur Mutter wird und ihre weibliche Kraft und innere Schönheit erwachen, geschieht dies auch, weil er seine wahre Männlichkeit endlich zulässt und ihr zeigt, dass er ganz für sie und das Kind da ist.

Natürlich verändert sich das Leben, wenn der kleine Schreihals eingezogen ist. Viele Eltern entscheiden daher für sich, getrennt zu wohnen. Wenn der Vater dann Frau und Kind besucht, ist er mit voller Aufmerksamkeit und Freude da, hilfsbereit, liebevoll und glücklich.

Die meisten Männer empfinden es als Bereicherung, nicht als Einschränkung, Vater geworden zu sein.

Und der/die Kleine wächst ja schnell heran. Falls weitere Kinder folgen, so ist auch dies nur eine Phase im Leben. Irgendwann teilt man sich dann nicht mehr das Bett mit dem jüngsten Kind und kann wieder mehr Beziehungszeit einplanen. In unserer heutigen Zeit sind die Menschen durch Beruf und gesellschaftliche Verpflichtungen so eingebunden, dass ihnen kaum noch Beziehungszeit bleibt. So gehen Partnerschaften dann meist auseinander. Dabei zeigen Kinder uns doch, worauf es in dieser Welt ankommt. Wenn wir tot sind, ist es zu spät, uns der bedingungslosen Liebe zuzuwenden. Wir haben hier, im Leben, die Möglichkeit, mit dem Dienen für das kapitalistische Machtsystem aufzuhören und uns der Liebe, dem Miteinander, dem Glücklich-Sein und dem Bewusst-Sein zuzuwenden. Kinder spiegeln uns Eltern in der Pubertät, wie sie in frühester Kindheit geprägt wurden. Haben wir ihnen Egozentriertheit und Materialismus vorgelebt oder Menschlichkeit, Liebe und Mitgefühl?

Ich selbst sah mich zeitlich nicht in der Lage arbeiten zu gehen und mein Mann war oft arbeitslos. Rückblickend kann ich sagen, es war besser so! Für die sechs Kinder hätten wir sogar noch mehr Erwachsene im Haushalt gebrauchen können, damit jedes Kind bekommen hätte, was es brauchte. Für unsere Beziehung war es enorm wichtig, vormittags gemeinsam zu frühstücken, wenn die älteren Kinder in der Schule oder Kindergarten waren, nachmittags gemeinsam Kaffee zu trinken und abends in einem kleinen Zeitfenster unsere Beziehungszeit zu haben, bevor das erste Kind wieder wach war. In den Phasen, in denen mein Mann viel gearbeitet hat, haben wir nur das Nötigste kommuniziert und er kam müde nach Hause, um sich dann vor den Fernseher zu setzen. Oft drückte der Geldmangel und Existenzängste. Das Alg2, welches wir lange Zeit bezogen, sah ich persönlich als bedingungsloses Grundeinkommen bzw. als Ausgleich für unsere Erziehungsaufgabe an. Es hätte viel mehr sein müssen, denn wenn eine Familie erst einmal zerrüttet ist, werden viele 1000,-€ pro Monat für ein Kind ausgegeben. Familien werden leider von unserer Politik nicht für das Wohl der Kinder unterstützt, sondern zum Wohle der Wirtschaft. Ein dreijähriges Kind wäre besser bei den Eltern, Großeltern oder Nachbarn aufgehoben als in der Kita. Der Staat hat allerdings ein Interesse daran, Familien zu zerstören und die Familienmitglieder zu separieren.

Schaue in die Augen deines neugeborenen Kindes und es spiegelt dir deine eigene Liebe, die tief in dir verborgen ist. In manchen Babyaugen kann man das gesamte Universum betrachten. Das ist wichtig, das wollen uns unsere Kinder, deren Seelen hier mit uns verabredet sind, zeigen. Je mehr Eltern dies erkennen und sich für die Liebe entscheiden statt für das Geld und Leistung und Stress, desto eher wird sich auch gesellschaftlich etwas ändern.

In den letzten 20 Jahren bilden sich auch immer mehr Gemeinschaften und Ökodörfer, in denen Kinder geschützt und gemeinsam mit anderen Kindern und vielen erwachsenen Freunden aufwachsen können. Sie suchen sich dann Ersatzeltern und Bezugspersonen, ohne den Bezug zu ihren leiblichen Eltern zu verlieren, denn das ist immer die Ausgangsbasis für Urvertrauen und Empathie.

Die erwachte Frau ist ein selbstständiges, unabhängiges Wesen. Sie ist frei und in der Lage, sich die Partner und Freunde zu wählen, die ihre vielseitigen Aspekte befruchten können.

Auch wenn die liebevolle Verbindung zum Vater des Kindes sehr intensiv sein kann, braucht die befreite Frau keinen Beschützer mehr und keinen Mann, den sie bemuttern muss. In der heutigen Zeit werden immer mehr Frauen von der kollektiven Wut durch 10000 Jahre Unterdrückung befallen und diese Wut kann sich immer mal auch gegen den Partner richten. Da müsst ihr Männer manchmal ganz schön was aushalten. Ihr seid nicht gemeint, sondern das Patriarchat. Ich weiß, dass einige von Euch sich von uns Frauen ganz abgewendet haben. Das ist aber der falsche Weg.

Ich möchte mich an dieser Stelle bei allen Männern entschuldigen, auch im Namen meiner Schwestern! Ihr müsst uns nicht verstehen, es reicht, wenn ihr uns liebt! Dadurch befreit ihr uns und Euch selbst!

Wenn die Befreiung von Fremdbestimmung, Kontrolle und Manipulation im Manne einsetzt, äußert es sich meistens durch ein Burnout, die Entscheidung, nicht mehr dem Arbeitsmarkt dienen zu wollen und ein Interesse an befreiten Frauen (nicht nur sexuell oder auf Äußerlichkeiten bezogen). Starke Empathie und Liebesfähigkeit, die Fähigkeit, Gefühle zu zeigen und zu kommunizieren sowie die Suche nach dem inneren spirituellen Kern werden nun wichtiger als Materialismus und Phallussymbole. Die Intention wird stärker, ebenso die Inspiration, weshalb viele Männer in dieser Phase zu Künstlern, Erfindern oder Philosophen werden. Sie haben dann kein Interesse mehr, dem Staat zu dienen oder einer herumnörgelnden Frau zu dienen.

Da die Einehe vor 4000 Jahren durch Menschen erfunden wurde, um Menschen zu kontrollieren, bröckelt auch dieses Konzept stark. Statt sich mit Schuldgefühlen, Eifersucht, Beziehungsdramen und Kontrollwahn das Leben schwer zu machen, kann man diese Tatsache einfach akzeptieren. Wir leben in Beziehungen, um uns gegenseitig Liebe zu schenken, nicht um unsere Mangelgedanken zu stärken oder von einem Menschen etwas zu fordern, was dieser nicht geben kann.

Aber wir erwachen gerade alle aus einem kollektiven

Trauma und sind im Prozess. Alles ist möglich, alles darf sein, aber immer in der Ausrichtung auf Frieden, Liebe und Heilung. Vertrauen ist der Schlüssel dazu.

KOPFKINO

Spätestens jetzt sollte jedem Leser langsam ein Licht aufgegangen sein. Da ich oft noch bemerke, dass gewisse Konditionierungen, Vorurteile und Blockaden in den Köpfen vieler Menschen existieren, die mich teilweise einmal selber beeinflusst haben, zähle ich einige von diesen hier auf.

- Mütter sind ungebildet! Ungebildete Frauen können leichter Kinder gebären.

Warum? Dieses Vorurteil stammt aus dem Mittelalter, als den Frauen, denen jegliche Bildung verwehrt wurde, nichts anderes übrig blieb, als den sexuellen Bedürfnissen des Mannes ausgeliefert zu sein, weshalb sie oft schwanger waren. Falls eine Frau sich dagegen wehren wollte oder ihre innere Weisheit preisgab, geschweige denn Verhütungsmittel anwendete, lief sie ja gleich Gefahr, als Hexe verbrannt zu werden.
Darüber hinaus ist es richtig, dass durch eine Geburt einige Millionen Zellen im intellektuellen Bereich des Gehirns absterben, da sie für die „Nestpflege" nur stören würden. Dies gleicht das Gehirn aber später aus.

- Mann und Kinder binden!

Ich habe trotz eines 20 stunden Tages viel mehr Freiheiten erlebt als wenn ich Karriere gemacht hätte. Auch wenn es stimmt, dass Eltern auf vieles verzichten müssen, so ist es ein natürliches Verzichten, eingebettet in ein bestimmtes Zeitfenster. Die Familienzeit ist eine natürliche Yogaphase, die Phase des Verzichts und der Transformation von

Leidenschaften und Gewohnheiten. Danach kann man sich wieder gehen lassen und wird feststellen, dass man vieles nicht mehr braucht, was einem vor dieser Phase an Konsum und Ablenkung so wichtig war. Kinder geben viel mehr zurück, als ihnen gegeben wird und die Beziehung zum Partner ist mit Kindern viel lebendiger, weil beide ein gemeinsames Ziel haben.

- Ich kann keine Verantwortung tragen!

Das lernt man durch das Kind, außerdem nehmen die meisten Eltern den Kindern viel zu viel Verantwortung ab und behindern jeglichen Prozess, Selbstverantwortung und Selbstbestimmung zu erlernen. Das nenne ich Kontrolle oder Zwangsbeglückung!

- Die Figur wird ruiniert!

Nach einer natürlichen Geburt, Verzicht auf künstliche Hormone und ausreichender Stillzeit hat sich der Körper wieder soweit zurückgebildet, dass viele Frauen sogar schlanker und attraktiver sind als vor der Schwangerschaft.
Wer dann immer noch dem Jugendwahn unterliegt oder pädophil veranlagten Männern imponieren möchte, hat ganz andere Probleme mit sich und der Welt.

- Schwangere müssen für zwei essen!

Ein natürliches Hungergefühl und einen gesunden Appetit sollte man natürlich niemals unterdrücken, aber oft ist der Hunger gar nicht so groß. Für den Leistungssport ist es nun erst einmal vorbei, aber der natürliche Bewegungsdrang des Körpers sollte ausgelebt werden (Fahrradfahren, spazieren gehen, wandern, joggen, putzen, Gartenarbeit, renovieren, Tischtennis - eben alles, was noch Spaß macht)

- Geschlechtsverkehr in der Schwangerschaft schadet dem Kind!

Es ist erschreckend, wie verbreitet dieser Glaube noch ist, der kirchliche Ursprung dürfte bekannt sein. Das Gegenteil ist der Fall, da für die Entwicklung des Embryos alle positiven Gefühle der Eltern förderlich sind. Jeder Orgasmus der Eltern stärkt die Durchblutung und die elektromagnetische Energie in der Gebärmutter. Das Kind bekommt auch einen Endorphin-Schub und äußert sich nach dem Sex meist mit einem starken Bewegungsdrang.

- Mütter sind ja nur scharf auf das Kindergeld und drücken sich vor der Arbeit!

Damit wurde ich häufig konfrontiert!
Dies wurde mir immer von männlichen Singles nachgesagt.
Ich habe dann immer angeboten, mal eine Woche unser Leben zu tauschen, was dann natürlich abgelehnt wurde.

- Familien mit mehr als zwei Kindern sind asozial!

Ich denke, Familien ab einem Kind sind bereits viel sozialer als diejenigen, die so etwas behaupten.

- Im Haushalt von kinderreichen Familien ist es unzumutbar dreckig und chaotisch!

Lieber gesund und im kreativen Chaos als hypochondrisch und putzsüchtig!

- Das Kind wird verwöhnt, wenn es im Bett der Eltern schläft!

Ein Baby kann man gar nicht verwöhnen! Die wichtigste Nahrung ist die Mutterliebe. Diese fließt durch die Milch und durch jeden Körperkontakt, je mehr, umso selbstständiger und Selbst-liebender wird das Kind.

- Kinder brauchen von Beginn an eine feste Struktur!

Jeder Mensch wird mit einem individuellen Rhythmus geboren, den es beibehalten könnte, wenn ihm nicht irgendwann, spätestens im Kindergarten, eine künstliche Struktur aufgezwängt werden würde, um zu funktionieren.

- Schreien stärkt die Lungen des Babys!

Es ist traurig, dass in unserer Zeit noch so viele Eltern daran festhalten. Ein Kind schreit eine Zeitlang, z.B. weil es sich einsam oder unwohl fühlt, dann ist es erschöpft, verliert das Urvertrauen und wimmert sich dann in den Schlaf. Aus Liebe wird Abhängigkeit, das Verbindungsverhalten ist somit von Anfang an gestört.

NATÜRLICHE GEBURT = GLÜCKLICHE KINDER?
„Wer Schmetterlinge lachen hört, der weiß, wie Wolken schmecken." (Novalis)

Sind Kinder, die natürlich geboren wurden, glücklicher? Ich behaupte mal: „JA".

Selbst wenn später doch das Schicksal mit Begrenzungen und Fremdbestimmung zuschlägt, so können Menschen, die ihren Start ins Leben natürlich, leicht und angstfrei erleben durften, besser damit umgehen. Sie bleiben in stressigen Situationen gelassener und sind eher in der Lage, aus einer gewissen Übersicht heraus zu reflektieren. Gerald Hüther, der Neurobiologe, sagt, glückliche Menschen brauchen keinen Konsum, keine Ersatzbefriedigung und sind damit nicht suchtanfällig. Es ist geradezu überdeutlich, dass das herrschende Angst- und Kontrollsystem keine Menschen möchte, die Konsumverhalten und Leistungsdenken sowie Separatismus nicht brauchen, um sich pseudoglücklich zu fühlen.

Durch eine natürliche Geburt ohne Interventionen verliert der Mensch, der das Licht dieser Welt erblickt, nicht seine Integrität. Er kann sich also erinnern, wer er ist und bleibt zunächst in Kontakt mit der universellen Liebe und Weisheit.

Das Neugeborene fällt nicht in eine Bewusst-Losigkeit, bleibt im Bewusst-Sein. Ein Kind ist nicht ein unbeschriebenes Blatt, sondern ganz im Gegenteil, alle Fähigkeiten, alles Wissen, alle Gefühle und Wahrnehmungen, die es in dieser Welt braucht, sind in ihm angelegt.

Heutzutage wird viel Geld und Zeit investiert, die Blockaden, die durch die Geburt entstanden sind, wieder aufzulösen. Therapien, Rebirthing, Kreativförderung, Motivationstraining und Seminare zur Selbstverwirklichung oder Potenzialentfaltung mögen ganz interessant sein. Sie wären aber weitgehend überflüssig, wenn der Start ins Leben von Freude, Liebe und Glück begleitet gewesen wäre. Es sind nicht immer die schlimme-Kindheit-und-die-Eltern-sind-Schuld-Blockaden, sondern meist entstehen Angstblockaden und Traumata während der Schwangerschaft und Geburt.

Impfungen, Untersuchungen, Medikamente, Frontal-unterricht, Industrienahrung und Erziehung (woran will man denn ziehen, wenn sich ein Mensch doch nur entfalten braucht) sind weitere Versuche, die göttliche Anbindung des Menschen bzw. der Seele zu stören.

Es ist noch gar nicht so lange her, da wurden Kinder vom Babystadium an erzogen, bestraft, gezüchtigt und geschlagen. In vielen Familien ist es auch heute noch so. Was soll denn da bei einem Kleinkind heraus geprügelt werden? Das Ego bildet sich erst nach und nach, und zwar aus Erfahrungen, Beobachtungen und dem Nachahmen des Verhalten der Bezugspersonen. Ein Baby ist völlig mit dem Selbst verbunden, es hat noch kein Ich entwickelt. Es lacht, schreit, plappert und beobachtet aus dem Selbst heraus. Der natürliche Selbst-Erhaltungstrieb wird dann gleich versucht zu unterdrücken, indem ein Kind erzogen, unter(ge)richtet und bestraft wird. Doch immer mehr Eltern verfolgen mittlerweile eine andere Richtung.

Glückliche Menschen sind frei, selbstbestimmt, empa-thisch, selbst reflektierend, in innerer Fülle (statt im emotionalen Mangel) und im Kontakt mit sich selbst. Das bedeutet nicht, dass immer alles Friede, Freude, Eierkuchen ist, dass man ständig auf Wolke 7 schwebt oder gar den Kontakt zur Realität verliert.

Ein glücklicher Mensch kann sich viel konstruktiver mit

dieser Realität auseinandersetzen, da er nicht im Mangel ist, nicht ständig etwas braucht und sich selbst genügt. Ein Mensch, der nicht kompensieren muss, kann sich auch viel besser mit den großen Themen beschäftigen wie Frieden, Nachhaltigkeit, Gesellschaftsveränderung, Heilung, soziales Engagement. Und jeder, der nicht mehr im Konsumverhalten versinkt, wird gebraucht, jede Idee, jede Hand, jedes Herz. Warum? Damit wir eine Zukunft haben.

Natürlich gebe ich hier nur die grobe Richtung an, denn die Manipulation durch die Massenmedien suggeriert uns ja ständig, dass wir etwas brauchen. Hinzu kommen Kindheitsblockaden durch das soziale Umfeld, geerbte Programme, karmische Herausforderungen, Schulerfahrungen und Medikamente. Auch Industriezucker nicht nur in den vielen Süßigkeiten, sondern in nahezu allen Nahrungsmitteln führt einen jungen Menschen direkt ins Suchtverhalten.

Andererseits kann ein Mensch natürlich auch glücklich sein, wenn die Geburt im Krankenhaus und mit allen erdenklichen Komplikationen stattgefunden hat. Aber warum den Lebensweg eines Menschen unnötig erschweren, wenn es auch anders geht.

Für mich persönlich war die Art, wie meine Kinder geboren wurden, eine Art Experiment. Ich wusste nicht genau, ob es richtig ist, wie die Naturvölker zu gebären, lange zu stillen, das Baby im Bett der Eltern schlafen zu lassen, nicht zu impfen, die vorgeschriebenen Vorsorgeuntersuchungen zu verweigern usw. Dies alles waren intuitive Entscheidungen meines Selbst. Nun sind meine Kinder erwachsen…

Es sind nach wie vor lebhafte, intelligente, freie Persönlichkeiten. Klarheit und Wahrheit sind ihnen wichtiger als in einer verlogenen Gesellschaft zu funktionieren. Ihr wacher Geist, ihre Debattierlust, ihre unbefangene Neugier, ihre sozialen Kompetenzen und die eher robuste Gesundheit (Infekte werden mit ein paar Tagen Ruhe weggesteckt) haben alle Manipulationsversuche der Gesellschaft und der Medien überstanden. Sie haben sich ihre anfängliche natürliche Spiritualität bewahrt und sind nicht Opfer einer organisierten Religion, einer Sekte oder dem leistungsorientierten Kapitalismus geworden. Sie sind alle beziehungsfähig, mit Partnern zusammen, die auch nicht gesellschaftskonform sind und bereit, neue Wege zu gehen. Sie haben nicht ihre Würde verloren und sind wach und aufmerksam. Ihre Seelen wollten durch mich geboren werden und ihr Vater und ich konnten vieles durch sie lernen und lernen immer noch dazu.

Doch ich musste sie alle loslassen, denn ein Kind beim Aufwachsen zu begleiten bedeutet auch, dass mit der körperlichen Abnabelung eine ständige emotionale einhergeht.

Abschließend kann ich sagen, die natürliche Geburt fördert bei Eltern und Kind:

- Selbst- Bewusstsein
- Selbst - Vertrauen
- Selbst - Verantwortung
- Selbst - Sicherheit
- Selbst - Ausdruck
- Selbst- Ermächtigung
- Selbst - Liebe

Wer im Selbst ist, ist im Glück!

GEDANKENGLÜCK-GLÜCKSGEDANKEN

Glück braucht keinen Anlass, keinen Bezug, keine Mittel zum Zweck, keine Zeitfenster, kein Irgendwas.
Glück ist immer und überall...
Das Denken steht niemals still, doch Du kannst Dich in jeder Sekunde entscheiden, was Du denken möchtest. Du hast die Freiheit zu wählen.
Immer.
Wenn Kopf und Herz im Einklang sind, sind wir in Liebe und Fülle.
Wir sind grundlos glücklich. Wir sind gegenwärtig. Wir sind im Zustand des Gebens.
Wir verschenken Liebe.
Wenn eine Gemeinschaft von 50, 100 oder 1000 Menschen in diesem Zustand lebt, geschieht eine starke Energieanhebung.
Wenn mehrere Glücks-Gemeinschaften sich vernetzen, entsteht eine neue Dimension des Menschseins.
Der achte Schöpfungstag beginnt...
Ein neuer Zeit-Raum, eine neue Raum-Zeit gelangt in unser aller Bewusstsein.
Die alten Programme der Angst, des Mangels, der Trennung haben darin keinen Bezug mehr und löschen sich selbst.
Es beginnt mit dem Entschluss, liebevoll zu denken, es entsteht in einem freien Herzen.
Kopf und Herz, Shiva und Shakti möchten sich vereinen und in jedem Menschen ein ganzheitliches Wesen erschaffen.
Vermeide angstbesetzte Gedanken...
Sei gegenwärtig...
Vertraue...
Liebe...

UND NUN?
Die Vergangenheit ist vergangen, die Zukunft ist noch nicht da. Es ist immer jetzt.

Ich habe bisher viele Themen angesprochen, die ich alle auf das Thema Geburt beziehe. Doch was nützt Dir das als werdende Mutter? Ich möchte nicht, dass Du Dein Kind zu Hause gebärst, weil ich das propagiere, sondern weil Du aufgewacht bist!

Die künstliche Welt bröckelt stark und immer mehr Menschen suchen nach dem natürlichen Weg. Corona zeigt uns gerade, was wir wirklich brauchen und was nicht. Corona spiegelt uns unsere Ängste, jedem auf seine/ihre Art. Corona lässt in uns den Wunsch keimen, uns wieder in die Naturkreisläufe zu integrieren. Das ist möglich, ohne in die Steinzeit zurückkehren zu müssen. Natürlich sind wir alle noch im Wandel, im Prozess. Unsere Zellen sind noch mehr oder weniger auf das Zeitalter, welches hinter uns liegt, programmiert. Das, was bisher nützlich war oder erfahren werden wollte, brauchen wir nun nicht mehr. Wir können uns mit wachsendem Bewusstsein erinnern, wer wir sind. Wir können uns selbst decodieren und neu programmieren. Und das ist der wunde Punkt. Es gibt keine Garantie, dass eine Geburt, auf die Du dich super vorbereitet hast, leicht, angstfrei und ohne Schmerzen verläuft. Viele Frauen mussten schon während einer Hausgeburt doch ins Krankenhaus, ohne eine Erklärung dafür finden zu können. Wir sind eben noch nicht ganz frei von Karma, Denkmustern, DNA-Programmen und Manipulation. Aber wir können dennoch eine Entscheidung treffen.

Was kann also jede einzelne werdende Mutter für sich und für alle tun?

Eine natürliche Geburt beginnt im Kopf. Wenn wir mit unseren Gedanken aus den Angst-Programmen aussteigen, folgt der Rest. Das geht nicht von Jetzt auf Gleich. Doch wenn Du gut informiert bist, täglich meditierst und Dein Bewusstsein auf das Jetzt und Hier richtest, verbindest Du Dich mehr und mehr mit Deinem Selbst. Am wichtigsten sind hier Atemmeditationen. Durch das bewusste Atmen kannst Du Präsenz und den Wechsel von Einatmen/Empfangen kosmischer Energie und Ausatmen/Loslassen von Schmerzen und Angst üben. Du wachst auf, Du erinnerst Dich, wer Du bist. Und plötzlich wunderst Du Dich, warum mensch dieses und jenes tut, weil „man es eben so macht" oder „weil es eben so ist". Nichts ist mehr wie es war und eine Geburt gehört nun mal nicht mehr in ein Krankenhaus.

Wenn Du zum ersten Mal schwanger bist, hast Du persönlich ja noch keine negative Erfahrung mit dem Thema Geburt gemacht. Dann kannst Du dich völlig erwartungsfrei und angstfrei einlassen.

Als positive Ausrichtung und mentale Vorbereitung auf den neuen Menschen möchte ich Gerald Hüther, den Neurobiologen vorschlagen. Seine Vorträge auf YouTube sind immer interessant, gut verständlich, leicht nachvollziehbar und humorvoll.

Auch Eckhart Tolle könnte mit seinen Vorträgen eine sinnvolle Vorbereitung auf eine Geburt sein.

Es ist schwer, immer positiv zu denken, mir fällt es immer noch nicht leicht. Doch angstbesetzte Gedanken und alte Konditionierungen setzen sich immer dann fest, wenn Du nicht präsent bist. In der Präsenz kannst du nicht denken. Ohne Gedanken bist du im Herzen und ganz bei Dir. Du bist dann in der „ICH BIN"- Präsenz. Das ist schwierig, wenn du mit einem Partner zusammenlebst, der im destruktiven Denken bleiben will. Er wird dich nicht verstehen.

Wichtig ist daher auch, für eine erfüllende Mutterrolle

und ein positives Verbindungsverhalten des Kindes, dass Du die Beziehung zu Dir selbst und die Mensch-Gott Beziehung in Dir klärst. Ich habe dies nicht getan, wurde aber durch die Geburten Stück für Stück einer mir innewohnenden Kraft bewusst, die ich die „göttliche Mutter" nenne.

Informiere dich, das bedeutet in-Form-ieren, also bringe dich in Form, wie es für Dich stimmig ist. Für deinen Körper bedeutet dies eine optimale Ernährung, das individuelle Verhältnis von Ruhe und Bewegung, viel Berührung, Pflege mit Ölen etc. und spezielle Gymnastik oder Yoga (Ich halte Yoga für Schwangere für wertvoll. Wenn ich mich abfällig gegenüber dem Mainstream-Yoga äußere, dann meine ich dieses verbissene, kopfgesteuerte Yoga sowie eine Guru-Hörigkeit, die der individuellen Entwicklung oder Evolution der Seele im Wege steht.)

Achte auf Deine Träume, dein zukünftiges Kind wird dich über die Sprache der Träume vorbereiten.

Kunst und Kreativität transformieren Süchte, Langeweile und Sinnlosigkeit. Statt zu putzen, einem Job nachzugehen, der keinen Spaß macht oder dich von Bildschirmen berieseln zu lassen, beginne jetzt doch einfach damit, zu malen, zu schreiben, zu heimwerkeln oder vegane Kuchenrezepte zu erfinden. Bleibe auch ruhig mal einen Tag im Bett und träume vor Dich hin. Alles, was unsere 3D Mentalität erweitert, wirkt sich auch in der Schwangerschaft positiv auf unsere Gesamtentwicklung und die des Kindes aus. Also lass Deine Fantasie spielen...

„Bewusstsein schafft Frieden" - so heißt der Titel des dritten Buches von Christina von Dreien.

Zur mentalen Bewusstseinserweiterung sind mittlerweile viele Bücher z.B. von Dieter Broers oder Kurt Tepperwein auf dem Markt. Wenn Du deinem Nachwuchs und dir selbst ein friedliches Feld für die Geburt öffnen möchtest, lohnt es sich, mit dem Bewusstseinstraining schon in der Schwangerschaft zu beginnen. Auch die Bücher von Louise Hay halte ich für eine sinnvolle Vorbereitung. Du kannst immer überholte Konditionierungen durch positive Affirmationen ersetzen.

Je mehr bewusste Menschen jetzt Eltern werden, umso eher wird es eine Generation von jungen Menschen geben, die sich frei entfalten dürfen, ohne dass ihre Flügel beschnitten werden.

Denn jeder weiß es, wir haben keine Zeit mehr, es wird Zeit, als Kollektiv in eine neue Zeitdimension einzutreten. Ängste, Gewalt, Behördengegängel und Machtdemonstrationen müssen draußen bleiben.

Glückliche Kinder = glückliche Eltern = neues Potenzial, neue soziale Strukturen, neue Technologien, neue Heilungsmethoden = eine neue Zeit beginnt.

Jeder Mensch muss nun eine Entscheidung treffen, ob er in der Pyramide der Macht und des Geldes gefangen sein möchte oder die Menschheit lieber in den Naturkreisläufen und der Freiheit der Liebe sieht.

Darum frage immer wieder dein Selbst, was gerade jetzt für dich wichtig und stimmig ist.

Du kannst dich auch mit anderen Schwangeren oder Müttern verbinden und mehr Hausgeburtshebammen fordern. Je größer die Nachfrage, umso eher sind Politik und Krankenkassen vielleicht bereit, die Gesetze zu lockern. Ohne Nachfrage kein Angebot. Vernetzung, Austausch und Verbindung sind in dieser Zeit wichtiger denn je.

Aber tue alles, was Du tust, in Frieden und in Liebe. Tue es für die nächste Generation und höre auf zu kämpfen. Dein Körper wird es Dir danken!

Dein Bauch ist für neun Monate der Mittelpunkt Deines Lebens. Deine Gebärmutter ist das Universum des Fötus. Der heilige Tempel der Göttin in Dir ist mit seiner heiligsten Aufgabe beschäftigt: Leben hervorzubringen.

Angst ist die Quelle allen Übels.
Angst ist Ego, Liebe ist Selbst.
Liebe führt uns aus Angst und Schmerz.
Schmerz ist unser wichtiger Begleiter,
um in Demut, Vertrauen und Selbst-Liebe zu gelangen.

EIN ZUKUNFTSMODELL
„Diese Menschheit wird nur in Gemeinschaften überleben" (Regeln der Kraft; Hopis)

Wenn ich an die Zukunft denke, sehe ich ein globales Netzwerk aus Gemeinschaften. Auf dem Lande gibt es Solidarische Dörfer, große Gebäudekomplexe wie ehemalige Schlösser, Fabriken, Krankenhäuser, Gutshöfe, die zu Ökodörfern umgestaltet wurden und Earthships. In den Städten haben sich ganze Straßenzüge zu Gemeinschaften zusammengeschlossen. Es gibt viel Grün, wenig Straßen, dafür Gärten und Gewächshäuser für Permakultur. Jede Dachfläche, jeder Balkon ist begrünt und mit Gemüse, Blumen oder Obst bewachsen. Zu jeder Gemeinschaft gehören Gemeinschaftsräume, Gärten, Außenflächen mit Feuerstelle und Kinderbereiche zum Spielen und Toben.

Werkstätten, Ateliers, Praxisräume, Seminarräume und Backstuben sind zu Fuß erreichbar. Für weitere Entfernungen stehen wasserbetriebene Gemeinschaftsfahrzeuge bereit. Auch Zugfahrzeuge und Anhänger sind vorhanden und stehen jedem zur Verfügung. Es gibt kein Geld, weil alles jedem gehört und von Mutter Erde geboren wurde. Der Mensch der Zukunft sieht keinen Sinn mehr darin, etwas für sich zu beanspruchen oder seinen Brüdern und Schwestern etwas zu nehmen oder mehr haben zu wollen etc... Jeder Mensch gibt mit Freude, was er/sie geben kann. Weil jeder Mensch sich seine natürliche Neugier, Lernbereitschaft und Kreativität bewahren durfte. Weil jeder Mensch gerne in Gemeinschaft mit anderen Menschen lebt, da er/sie nie unterdrückt, bewertet oder in eine Norm gezwängt wurde. Das Bewusstsein wandelt sich vom ICH zum natürlichen ursprünglichen WIR. In diesem Bewusstsein sind wir ja alle auf die Welt gekommen. Wir brauchen uns also nur erinnern. Im WIR-

Zustand gibt es keine Depressionen, keinen Mangel, keine Blockaden. Jeder Mensch ist gerne aktiv, ist gerne kreativ, entfaltet sein inneres Potenzial, da dies nie blockiert wurde. Jeder Mensch gibt gerne das, was er kann und was ihm Spaß bereitet. Man bekommt alles, was man zum Leben braucht und ist glücklich. Für energetische Unausgewogenheiten stehen die Heiler zur Verfügung, die das Meridiansystem des Menschen wieder in Einklang mit dem universellen Meridiansystem bringen. Bei Knochenbrüchen oder Zahnproblemen sorgen Heiler dafür, dass der Körper sich an den Urzustand erinnert. Die Neue Medizin nach Dr. Hamer sowie die Ernährungsgrundlagen nach Anthony Williams sorgen ja schon heute für einen grundlegenden Wandel im Gesundheitswesen. Immer mehr Menschen entscheiden sich heutzutage für eine ganzheitliche Entgiftung, also körperlich, emotional und mental, um diesen schweren Ballast, der uns handlungsunfähig machte, aufzulösen. Es gibt immer eine Lösung, am Anfang steht die Entscheidung. Es spielt keine Rolle, ob man zunächst mit der geistigen Hygiene (Meditation) beginnt, oder die Ernährung umstellt oder sich von Konditionierungen verabschiedet. Das eine folgt dem anderen und jeder Mensch folgt seinem individuellen Pfad.

Neue Energiesysteme stehen jedem Menschen frei zur Verfügung, da Wasser, Wind, Sonne und Erdwärme sinnvoll und nachhaltig genutzt werden, also in den Naturkreisläufen bleiben. Zu jeder Gemeinschaft gehören Klärteiche, die das gereinigte Wasser wieder in die Natur zurückführen. Die Menschen leben vegan, nehmen keine Medikamente zu sich und benutzen ausschließlich Waschmittel, Seife und Shampoo aus reinen Naturprodukten. Viele Materialien, die heute noch aus Plastik sind, werden entweder gar nicht benötigt oder bestehen aus der Nutzpflanze Hanf. Auch als proteinreiches Lebensmittel, als Heilmittel sowie als Grundstoff für lange haltbare Kleidung und für vieles andere mehr ist dieser nachwachsende Rohstoff ideal. Es könnte längst soweit sein, doch leider bestimmt die Nachfrage das Angebot.

Man besucht sich gegenseitig, um sich auszutauschen über neue Erfindungen, neue Technologien, soziale Strukturen, ökologische Großprojekte wie Wüstenbegrünung, Kultur und Spiritualität. Natürlich finden viele überregionale zeremonielle Veranstaltungen statt, um die Heilung der Erde zu zelebrieren, neue Projekte zu visionieren, zu feiern und Kulturstücke (Musik, Theater, Tanz, Lesungen usw.) vorzustellen. Allen Menschen ist dabei die spirituelle Bedeutung der Kunst bewusst. In jeden neuen Lebensabschnitt wird jeder Mensch durch eine passende Initiation eingeführt. Die Grundlage bildet das Labyrinth. Auch, wenn eine Gemeinschaft ein neues Projekt beginnt, dient das gemeinsame Durchschreiten des Labyrinthes dazu, sich der Geburt des Projektes in allen Phasen bewusst zu werden.

Da sich durch das fehlende Suchtverhalten auch das Verständnis der Sexualität transformiert haben wird, werden weniger Kinder geboren. Eine Hebamme bereitet die werdenden Eltern gründlich auf diese Initiation vor. Die Geburt kann in einem Geburtsraum der Gemeinschaftspraxis stattfinden, im Schlafzimmer der Eltern oder in der Natur, unter einem Baum oder am Strand. Selbstverständlich sind auch Alleingeburten möglich und anerkannt.

Während einer Geburt könnten auch 12 Frauen einen Kreis um die Gebärende bilden und Mantren singen. Vielleicht finden sich einige Männer, die diese Initiation musikalisch begleiten. Die Gebärende durchschreitet bei Einsetzen der Wehen das Labyrinth...

Jeder neue Erdenbürger wird mit einem großen Fest begrüßt, die Eltern gefeiert und für die durchlebte Erfahrung geehrt. Der jungen Familie wird jede mögliche Hilfe angeboten und das Kind wächst in einer Gemeinschaft auf, mit vielen Familienmitgliedern.

Die Kinder einer Gemeinschaft lernen, was sie lernen möchten. Sie lernen selbstbestimmt, wozu sie gerade bereit sind und worauf sie Lust haben. Es gibt immer Erwachsene und ältere Menschen, die ihre Fragen beantworten können oder Anregungen geben. Die Seminarräume, Ateliers und Werkstätten können selbstverständlich auch von Kindern und Jugendlichen genutzt werden. In einer der täglichen Versammlungen wird dann z.B. beschlossen, dass eine altersgemischte Gruppe von Kindern nun schreiben und Grammatik lernen möchte, um Texte selbst verfassen zu können, die dann der gesamten Welt zugänglich gemacht werden.

Vielleicht gibt es ein unschädliches Internet und Handynetz, welches nicht auf Mikrowellenbasis Informationen überträgt. Ich selbst habe keine Ahnung, habe mir aber von einem Informatiker mal sagen lassen, dass es auch andere Möglichkeiten der Datenübertragung geben könnte, diese aber von den heutigen Anbietern geblockt werden.

So weiß jeder Mensch auf der Welt Bescheid, wenn ein neues Projekt entsteht, z.B. im Bereich Ökologie eine neue Erfindung oder im Bereich Soziales ein neues Entscheidungsmodell. Man wird nicht nur informiert, sondern kann Fragen stellen, Ideen und eigenes Wissen dazugeben oder ein Veto einlegen. Die Politik und Verwaltung von heute gibt es nicht mehr!

Die Kinder wachsen natürlich und glücklich auf, ihr Wissensdrang und ihre sozialen Bedürfnisse werden befriedigt, ihrem natürlichen Bewegungsdrang dürfen sie nachgehen und ihr biologisches veganes Essen stammt aus der Umgebung. Sie kennen keinen Mangel, keine Gewalt, keine Über-bzw. Unterforderung und keine Fremdbestimmung. Daher brauchen sie keine Reizüberflutung durch Plastikspielzeug, keine bunten Animationsfilme, keine Zwangsbeglückung, keine Beschulung, keine Impfung, keine

Verbote und Maßregelungen, keine Verhaltenstherapie und keine Gummibärchen.

Diese Kinder sind glücklich, gesund und durch eine natürliche, liebevolle, angstfreie Geburt in diese Welt gerutscht.

Ein Raum der Liebe öffnet sich rund um den Planeten, weil in jeder Gemeinschaft durch das Oxytocin, positives Denken und die Schwarmintelligenz ein höheres Schwingungsfeld entsteht. Dieses Schwingungsfeld sorgt nach außen für Schutz, nach innen stärkt es Liebe, Glück, Intelligenz und Bewusstsein. Aus dem Nehmen und Ausgesaugt-werden unserer Zeit wird ein natürliches Geben und Empfangen, daher bedarf es auch keiner Tauschlogik mehr. Geld wird daher überflüssig.

Glückliche Menschen schenken gerne, schöpfen gerne, unterstützen gerne und bewegen sich gerne. Sie wissen, dass mehr zurückkommt als alles, was sie geben können. So funktioniert die Glücksphilosophie und es gibt und gab schon viele Projekte dieser Art, die bisher alle gescheitert sind, da sie unterdrückt und bekämpft wurden. Doch das Glück lässt sich nicht aufhalten...

Ich glaube fest daran, dass diese Vision, die ich mit vielen Menschen teile, die Realität von Morgen ist. Wir müssen nur mehr Menschen werden, die es wirklich wollen, die zu 100% „JA" sagen können zum Frieden. Der Start für eine bessere Zukunft liegt in der Gegenwart. Je mehr Menschen in dieser Zeit auf natürliche Art geboren werden, je mehr Frauen durch das Geburtserlebnis initiiert werden, desto mehr aufrechte, würdevolle, liebevolle und glückliche Erwachsene wird es in 20-30 Jahren geben.

Die andere Möglichkeit wäre eine Welt, die wir doch alle nicht wollen, oder?

Die andere Zukunft wäre das, wovon in der Johannes-Offenbarung die Rede ist. Die Menschen werden das Mal des Tieres tragen, die 666. Das bedeutet, wer nicht geimpft und gechipt ist, hat keine Rechte mehr und darf nicht am Handel teilnehmen. Das bedeutet wiederum, wer nicht in den Supermarkt, Baumarkt, Möbelgeschäft usw. gehen oder nichts mehr bei Amazon bestellen darf, ist frei!!! Das gleiche gilt für Flüge, Schulbesuch, Studium, Arztbesuche, Kino, Vergnügungsparks, Kreuzfahrten, Großveranstaltungen etc. Corona lehrt uns gerade, was wir brauchen und was nicht. Es wird nicht von heute auf morgen passieren, dass wir nicht mehr einkaufen dürfen, wenn wir nicht gechipt sind, aber die momentane Maskenpflicht ist der Anfang.

Ja, die Welt teilt sich. Die einen tragen das Mal des Tieres (Chip), die anderen das Zeichen Christi (Liebe). Man muss kein Christ sein, um das zu verstehen.

Wer sich für die Liebe entscheidet, kann sich informieren, meditieren, beten, visualisieren, solidarisieren, Kraftorte schaffen, auf roh-vegane Ernährung umsteigen und Gemüse selber anbauen. Es entstehen gerade Netzwerke, um Visionen zu verwirklichen, die den Menschen zurück in die Naturkreisläufe, in die Christusliebe, in ein größeres Ganzes, in die fünfte Dimension heben.

Das geschieht jetzt, im Mai 2020. Ich hatte dieses Buch vor dem Corona Hype inhaltlich fertig, doch während der Korrekturphase überschlugen sich nun Ereignisse und Erkenntnisse und daher bin ich froh, dieses Thema noch einbringen zu können. Nun fühlt sich mein Buch „rund" an.

Es sieht also bald so aus, dass ungechipte Frauen keine Kinder im Krankenhaus gebären dürfen. Schön, das bereitet doch den Weg für Hausgeburten, Alleingeburten und Geburtshäusern in Ökodörfern. Kinder, die im Krankenhaus zur Welt kommen, werden bald, vielleicht noch in diesem

Jahr, vielleicht schon heute, bei der U2 geimpft und gechipt und damit zu willenlosen Biorobotern degeneriert. Gerade heute, am 08.Mai 2020 erreichte mich ein Artikel aus Österreich, dass dort in einigen Kliniken Frauen während der Geburt einen Mund-Nasen-Schutz tragen müssen. Nach der Geburt werden dann Mutter und Kind getrennt, angeblich, damit das Neugeborene kein Covid 19 bekommt. Wie dämlich, rückständig und leidvoll ist das denn? Und warum lassen diese Mütter sich diese Behandlung gefallen? Beantwortet diese Fragen bitte selbst...

Ich möchte wirklich keine Ängste verbreiten und glaube immer an die Macht der Liebe, aber dies ist die momentane Realität und keine Verschwörungstheorie!

Doch gemeinsam können wir das Blatt wenden und die schönsten Utopien realisieren. Das ist unser Geburtsrecht! Das ist das Recht aller fühlenden Wesen, die noch geboren werden!

„Große Geister reden über Visionen

mittlere Geister reden über Geschehnisse,

kleine Geister reden über Menschen."

UNSERE NACHBARN
eine kleine Geschichte zum Abschluss

Als ich an diesem sonnigen Sonntagmorgen im Juni 2006 aus dem Küchenfenster schaute, erschrak ich.

Drüben im Garten der Boisenbergs waren doch tatsächlich die Liegestühle nicht mehr dort, wo sie seit einem Monat standen. Armlehne an Armlehne und immer an derselben Stelle, so hatten sie auch im vergangenen Sommer, als wir zugezogen waren, den Garten verziert. Dort saß das ältere Ehepaar oft nach Feierabend bei Tee und Zeitung. Er arbeitete im Betonwerk, sie im Seniorenheim. Samstags putzten die Boisenbergs ihr Haus und den Garten mit so großer Hingabe, dass unsere älteste, siebzehnjährige Tochter einmal hinüber rief: „Bügeln Sie Ihren Rasen eigentlich auch?"

Tja, wir hatten mit unseren sechs Kindern und vier Hunden andere Sorgen als Moos im Rasen. Die nachbarschaftliche Konversation war bisher nie über ein geheucheltes „Guten Tag" hinaus gegangen.

Nun waren die Rollläden noch herunter gezogen und die Gartenstühle standen schief. Es musste etwas passiert sein! Und dort – oh nein, war das nicht ein Maulwurfshügel? Als ich genauer hinsah, erkannte ich, dass er künstlich angelegt war, denn Maulwürfe gab es bei Boisenbergs nicht! Auf der Spitze und zwischen den Stauden steckten Fähnchen, Party Piepser im Star Wars Design; die gleichen, die ich in einer der Küchenschubladen aufbewahrte. Eine innere Stimme sagte mir, dass jemand aus meiner Familie mit der nächtlichen Aktion zu tun haben musste. Ich überzeugte mich davon, dass die Fähnchen in meiner Küche fehlten. Unsere Dreizehnjährige hatte Besuch von ihrer Freundin und beide befanden sich noch im Reich der Träume.

Die Aufsicht über Küche und den Kindern, die auch

Sonntags schon um neun Uhr wach sind, da sie noch nicht von der Pubertät infiziert wurden, übergab ich meinem Mann. Dann schlich ich mich heimlich auf das Nachbargrundstück, um die Liegen geradezurücken. Plötzlich standen die Endfünfziger vor mir. Eine Welle von „Unerhört...Typisch...wie der Herr, so dass....hat man nicht mal Sonntags seine Ruhe...Polizei!", rollte über mich hinweg. Die Boisenbergs in ihren gestreiften Morgenmänteln und Filzpantoffeln, dazu die Playmobilfiguren, die sich zwischen den Pflanzen versteckten, überall die Star Wars Fähnchen – ich hatte Mühe, mir ein Lachen zu verkneifen. Hätte ich losgelacht, hätte diese Dame vor mir sich sicherlich in Darth Vader verwandelt.

Ich bemühte mich also um Sachlichkeit: „Schönen Guten Morgen! Darf ich Ihnen behilflich sein?"

Wenn Blicke töten könnten! Kein Wunder, dass unsere Hunde die Nachbarn ständig anbellten. Ungerührt und ein wenig schuldbewusst begann ich, die Fähnchen einzusammeln. „Das waren ihre Gören, stimmt's? Typisch, haben den ganzen Tag nichts zu tun, können den Hals nicht voll kriegen und haben dann nicht mal ihre Bälger unter Kontrolle! Und dann überall diese stinkenden Köter!! Wie das bei Ihnen im Haus aussieht, will ich gar nicht wissen!"

Au weia! Bevor ich in Versuchung geriet, mich zu rechtfertigen, hüpfte mein Mann wie selbstverständlich über die gepflegte Buchsbaumhecke und fragte: „Haben unsere Kinder etwas beschädigt, was Ihnen gehört? Wir sind gut versichert."

Helmut Boisenberg räusperte sich: „Naja, kaputt gegangen ist ja nichts, aber schauen Sie mal, kommen Sie mal beide mit!"

So gelangten wir zum ersten Mal durch den Hintereingang in die Räumlichkeiten unserer nächsten Nachbarn. In der Waschküche ergriff Elisabeth das Wort: „Wir wohnen seit

160

dreißig Jahren hier. Mein Mann hat dieses Haus gebaut, mit seinen eigenen Händen. Er hat Tag und Nacht geschuftet. Jeden Abend schließt er beide Eingangstüren ab und sieht nach dem Rechten. Und nun das... Da geht man einmal abends aus und vergisst, die Nebentür abzuschließen und so wird es einem gedankt!" Ihre Stimme erstickte in Tränen.

Ich erblickte auf Waschmaschine und Trockner weitere Spielsachen meiner Kinder; Autos, Tiere und Bäume. Aus dem Waschpulver war eine Schneelandschaft geworden.

„Fehlt denn etwas?", fiel mir ein. Helmut winkte ab. „So schlimm ist es ja nun auch nicht. Aber ich zeige Ihnen was. Kommen Sie!"

Unter Elisabeths Pampelmusenblick zogen wir lieber erst unsere Schuhe aus. Die Wohnküche war ganz im Stil der 70er Jahre gehalten. Nun tummelten sich auf blitzblank geputzten Küchenmöbeln Ritter, Kampfrösser und eine Burg. Der Staubsauger stand auf dem Küchentisch, der Schlauch war lässig um einen Stuhl drapiert. Dahinter standen in einer Reihe zehn oder zwölf Zimmerpflanzen, wie Entenküken, die ihrer Mutter, einer Yucca-palme, folgten.

Nebenan im grau-braun möblierten Wohnzimmer fehlten die Blumen auf der Fensterbank.

„Was sollen die Leute denken!", ereiferte sich Elisabeth. Helmut beruhigte sie: „Lass gut sein." „Und die Bücher, wer soll das denn alles wieder aufräumen?"

Mein Mann mischte sich ein: „Unsere Tochter und ihre Freundin werden alles wieder an Ort und Stelle bringen. Außerdem..."

„Kinder... Kinder in meinem Haushalt! Sie haben nicht einmal ihre Schuhe ausgezogen. Und alles haben sie angefasst, alles!"...Jetzt bloß nicht lachen...

Die Bücher marschierten vom Schrank aus über den Fußboden und den Tisch zum Fernseher. Dort thronte eine Porzellanpuppe, die über Nacht Rastazöpfe bekommen hatte.

Der Inhalt der Obstschale hatte sich verselbstständigt. Ein Apfel lag im Aquarium. Helmut fand es nicht schlimm: „Wenn die Mädels für Ordnung sorgen und sich entschuldigen, ist die Welt doch wieder in Ordnung, ja?" - „Wer weiß, welchen Blödsinn die sich noch einfallen lassen. Überall sind Fingerabdrücke und dann der Lippenstift auf dem Fernseher…! Ach…und das ist ja wohl der Gipfel!" Sie deutete auf einen BH, der über dem Gemälde mit einer Flamencotänzerin hing. Mein BH übrigens!

Mir kam eine Idee: „Wir möchten Sie heute zum Essen einladen. Sie haben wohl keine Kinder?", fügte ich vorsichtig hinzu.

Elisabeth konnte nun ein lautes Weinen nicht länger zurückhalten. Ihr Gatte nahm sie in seine Arme und drückte ihren Kopf an seine Brust. Sie schluchzte nun leiser.

„Wissen Sie", begann er, „es ist so…Lizzy und ich hatten einmal einen Sohn. Sie konnte keine weiteren Kinder bekommen. Dabei ist sie selbst das zweite von sieben Kindern gewesen. Ihre Eltern sind früh gestorben und als sie schwanger war, starb ihr Lieblingsbruder bei einem Autounfall – ja, und unser kleiner Thomas ist mit fast zwei Jahren vom Lkw überrollt worden. Sie ist nie darüber hinweggekommen." Er seufzte und streichelte die ergrauten Haare seiner Frau. Sie grub ihr Gesicht tiefer in seinen Morgenmantel, als wolle sie nicht hier sein.

„Jetzt verstehe ich", durchbrach ich die unheimliche Stille, während meine Hand sacht ihre Schultern berührte. „Bei so einem Schicksal glaubt man natürlich, schuldig zu sein und gibt sich Mühe, alles in Ordnung zu halten." Mein Mann führte den Gedanken weiter: „…und dann kommt da ne laute Familie, die jeden Tag das pure Leben präsentiert!"

Seit jenem Tag hat sich das Verhältnis zu unseren Nachbarn grundlegend verändert. Bei der überfälligen

Renovierung bei den Boisenbergs halfen unsere Kinder und deren Freunde mit. Mein Mann und Helmut hatten die Leitung und verstanden sich prima. Die beiden verantwortlichen Mädchen zeigten ihr wahres Talent in puncto homedesign, indem sie aus der grauen Wohnlandschaft eine farbenfrohe Oase zauberten.

Elisabeth Boisenberg trägt inzwischen moderne Kleidung und einen modischen schwarzen Kurzhaarschnitt, der ihr ein attraktives Aussehen verleiht.

Sie entwickelte ihren eigenen Sinn für Humor, indem sie eines Tages begann, in die Hundekothaufen auf unserem Grundstück die Fähnchen zu stecken, die ihr beinahe den Sonntag verdorben hatten. Der Vorgarten darf nun endlich etwas wachsen, der Rasen seine Moosflächen behalten und ein Vogelkasten vor dem Küchenfenster sorgt nun für Leben auf dem Grundstück. Und die Gartenstühle? Ja, die haben inzwischen Zuwachs bekommen, damit die zahlreichen Gäste es sich im Garten der Boisenbergs gemütlich machen können.

(Diese Geschichte ist frei erfunden, allerdings mit vielen Details aus dem wirklichen Leben versehen. Freie Kinder fallen in unserer Gesellschaft oft unangenehm auf, können aber auch zur Heilung derselben beitragen.)

EPILOG

Wir sind am Ende des Buches angelangt, doch nicht am Ende unserer kollektiven Reise. Es gibt noch soo vieles zu entdecken.

Möge dir dieses Buch Antworten, Impulse und Türen gegeben haben.

Doch eines behalte in deinem Herzen: Auch wenn ich viele Informationen zusammengelesen habe, entspringt dieses Buch meiner individuellen Wahrheit. Mögest Du Deine Wahrheit finden. Das göttliche Selbst ist glücklicherweise nicht homophob, sondern spricht in jedem Menschen eine andere Sprache. Doch bleibe nicht stehen, gehe immer weiter in Liebe. Zur Vertiefung der einzelnen Thematiken, die ich nur oberflächlich behandeln konnte, nenne ich noch im Quellenverzeichnis einige Bücher sowie YouTube Videos.

Ich wünsche allen Lesern natürliche, leichte Geburten, für alle Kinder, alle Friedensprojekte, soziales und kulturelles Engagement sowie der Ökologie.

Mögen alle neuen Ideen, die der Gemeinschaft von Mensch und Natur dienen, ohne Störungen in diese Welt geboren werden.

MÖGEN ALLE BEHÖRDLICHEN ZÄUNE ABGEBAUT WERDEN !

MÖGEN ALLE FÜHLENDEN WESEN GLÜCKLICH SEIN!

Ich bin bereit, mich mit interessierten und engagierten Lesern zu vernetzen und gemeinsam Lösungswege zu gehen. Auch für Fragen, Ideen, Erfahrungsberichte und konstruktive Kritik bin ich immer offen.

regenbogenzeder@gmail.com

Liebe, Licht und Frieden!

Amelie Riedell

DANKE

Ich danke meinen lieben sechs Kindern, ohne die ich diese vielen Lebenserfahrungen nicht erlebt hätte, nicht auf anderen Wegen und schon gar nicht durch geistige, spirituelle Übung.

Ich habe viel, sehr viel von ihnen und durch sie gelernt, vor allem bedingungslose Liebe.

Ich danke dem Vater, der mir die ganze Zeit beigestanden hat, bei jeder Geburt Kraft, Vertrauen und Sicherheit geschenkt hat und immer für mich und die Kinder erreichbar war, wenn wir ihn brauchten. Ich weiß nun, dass er alles gegeben hat, was er auf seine Art geben konnte, auch wenn wir keine Beziehung mehr führen.

Ich danke weiterhin allen Menschen, die mich auf meinem ganz individuellen Lebensweg unterstützt haben und weiterhin unterstützen. Ganz besonders danke ich meinem jetzigen Lebenspartner, der mich in den letzten zwei Jahren immer wieder daran erinnerte, das Buch weiterzuschreiben. Durch seine Liebe habe ich meine Kreativität wiedergefunden. Die Reflexion vieler unserer Gespräche ist in dieses Buch mit eingeflossen.

All den Querdenkern, Individualisten, Lebens-Künstlern, Traumtänzern, Friedensstiftern, Schmetterlingen, Wegbereitern und Heilern, die mir Mut zusprachen, mich so ließen, wie ich bin und einfach da sind, danke ich.

Weiterhin danke ich auch allen denen, die mich kritisiert, blockiert und auf meinem Weg behindert haben, denn sie haben mir die Gewissheit gegeben, dass ich anders und freier bin als sie.

Und ich danke der geistigen Welt für die innere und äußere Führung, an der ich doch immer wieder zweifelte und verzweifelte, doch letztendlich sehr vieles gelernt habe.

Besonderen Dank gilt der göttlichen Mutter, die sich nun wieder in dieser Welt entfaltet.

Und für meinen weiteren Weg in Gemeinschaft danke ich schon jetzt allen Seelengeschwistern, mit denen ich gemeinsam die neue Gesellschaft, ein menschenwürdiges Leben in einer friedlichen Welt kreieren darf.

NAMASTE
(ich grüße das Göttliche in Dir)

QUELLENVERZEICHNIS UND WEITERFÜHRENDE LITERATUR UND MEDIEN

Sollte ich einige Quellendaten vergessen haben, so bitte ich um Nachsicht. Ich habe hier mein 40jähriges Buchwissen zusammengetragen und weiß zum größten Teil nicht mehr, was ich wo und wann und warum gelesen habe. Ich empfinde diese Art der gesetzlichen Nachweispflicht und Datenkontrolle als überflüssig, lästig, einschränkend und kleinlich. Wenn ich ein Buch lese, merke ich mir meist den Konsens. Dieser entsteht bei mir immer aus einer Verknüpfung von selbstreflektierten Erfahrungen und Medien. Daher fällt es mir schwer genaue Angaben zu machen. Ich liste hier also eine Reihe von Büchern und Webseiten auf, die mich in den letzten Jahren inspiriert haben. Sollte zu einem bestimmten Thema oder einem Buch näheres Interesse bestehen, kann ich gerne genauere Informationen dazu liefern.

Ansonsten bin ich einfach der Ansicht, dass sich kaum jemand das Quellenverzeichnis genau anschaut, weil es den normalen Leser einfach nicht interessiert. Wer ein Quellen-verzeichnis dazu missbraucht, den Autoren anzuzeigen, möchte verhindern, dass bestimmte Sachverhalte an die breite Öffentlichkeit kommen.

Bücher:

- Broers, Dieter, Gedanken erschaffen Realität,2013, Heyne
- Dregger, Leila, Frau sein allein genügt nicht, 2018, Edition Zeitpunkt
- Lawlor, Robert, Am Anfang war der Traum, Droemer Knaur, S.167ff.
- Redfield, James, Die Prophezeihung von Celestine, Heyne
- Stadelmann, Ingeborg, Die Hebammensprechstunde, Stadelmann Verlag
- Wapnick, Kenneth, 1995, Ein Kurs in Wundern, Greuthof, Taschenbuch

außerdem die Bücher von:
- Luise Hay
- Christina von Dreien
- Anthony Williams

Webseiten/eBooks:

www.neoterisches-bewusstsein.com/kundalini-ist-real

www.hebammenfuerdeutschland.de/wp-content/uploads/2018/05/facharbeit-hormone.pdf

www.welt.de/wissenschaft/article12935535/Aerzte-fuerchten-die-Risiken-der-natuerlichen-Geburt.html

www.sein.de/schwangerschaft-und-geburt-als-abbild-des-lebens-ein-archetypischer-prozess

www.geburt-in-eigenregie.de Sarah Schmid

www.dieter-broers.de/zirbeldruesen-code

www.verlag-meiga.org

www.gunnar-gressl.at

www.familienrecht.net/kindeswohlgefährdung

www.aufeinwort.webnode.com gratis eBook von Rudi Berne

YouTube Videos von:

- Gerald Hüther (Neurobiologie, Empathie, Würde, Konsumverhalten...)
- Ekhart Tolle
- Christina von Dreien
- Ina May Gaskin, amerikanische Hebamme, Videos, Bücher, Berichte
- Die 5 Biologischen Naturgesetze - Die Dokumentation (Die Neue Medizin nach Dr. Hamer)